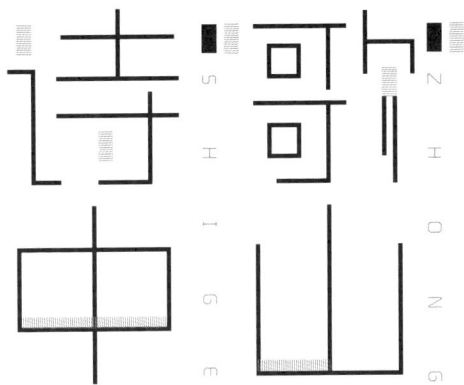

诗歌中山

SHIGE ZHONGSHAN

王晓波 主编

长江出版传媒 长江文艺出版社

图书在版编目（ＣＩＰ）数据

诗"歌"中山 / 王晓波主编.-- 武汉 ：长江文艺
出版社，2018.3
ISBN 978-7-5702-0257-7

Ⅰ．①诗… Ⅱ．①王… Ⅲ．①诗集－中国—当代
Ⅳ．①I227

中国版本图书馆 CIP 数据核字(2018)第 031682 号

责任编辑：何性松　　　　　　　　责任校对：陈　琪
装帧设计：禮孩書衣坊　　　　　　责任印制：邱　莉　　王光兴
————————————————————————————

出版：　长江出版传媒　　长江文艺出版社

地址：武汉市雄楚大街 268 号　　　邮编：430070
发行：长江文艺出版社
电话：027—87679360
http://www.cjlap.com
印刷：广州市天河穗源印刷厂
————————————————————————————

开本：880 毫米×1230 毫米　　　1/32　　印张：9.125　　插页：2 页
版次：2018 年 3 月第 1 版　　　　2018 年 3 月第 1 次印刷
行数：5800 行
————————————————————————————

定价：36.00 元
————————————————————————————

目录
CONTENTS

第三辑　小镇　发光体

▲ 石岐篇

▲ ▲ ▲

五桂山下，兰溪河畔
原野飘香，宛若天堂
翠亨村晓，醒来的阡陌上
走过来一个人
我们的孙中山

走过多少路
名字叫中山
条条中山路都通往四方
飞越大海
连结中国心
世界的孙中山

非政治性的图腾

——拜谒中山先生故居

| 洛　夫

　　广东中山翠亨村是近代中国人心灵上的神话，但当你亲身面对它时，却又感到历史的苍茫和现实的酸楚，逼人而来。

1
追赶一顶被大风吹走的帽子
我仓仓皇皇地
闯进了
一部未设防的历史

2
比小学课本里的翠亨村
多了一些
复制品的风景

一些

会讲普通话的雀鸟

和善的天空

从它最蓝的高处

我仿佛看到了一缕孤烟升起，且

渐渐形成一个巨大的漩涡

想不起有什么可疑之处

只知道这部历史中的若干章节

以往碰都不敢碰

一碰就怕书中的铅字全部崩落

于今我却站在心脏地带

将它的童年、青年、中年、老年

血系、年表、族谱、岁月的种种切切

一块儿读

有意思极了

膜拜混杂着观光的心情

一面走一面频频搔首

除了研制炸弹，共和国和玫瑰

我们从一位革命家那里还能学些什么？

一颗炸弹

与

另一颗炸弹

久久瞠目而视

默默相对无言

而中间的玫瑰除了发出爱的电波

还能说些什么
横跨两岸的脚除了试探水温
还能做些什么
其实做与不做
明天的太阳和老人斑照样爬上额头
其实这时
我们已来到了纪念馆的大门
年轻的讲解员指着
那个简化了四十年的"孙"字说：
这是无害的
非政治性的图腾
人民币更是百无禁忌
便这样，五毛钱
买了半个下午的苍茫

3
馆长的欢迎词
比接待室的椅子热多了
空调调得不左不右
刚好叫人想起
一行遗留在广场上的诗
惴惴然，我浅浅啜一口热茶
生怕
瓷杯突然在胃里爆炸
"天气真好啊！"馆长说

我想起的却是那些凶年

洪水起义，蝗虫革命

一场大雪留下宇宙性的空白。想起

慈禧太后长长指甲里的藏垢

王公大臣发辫上爬行的虱子

八国联军统帅的胡子里点着一根雪茄

北京城就再也见不到炊烟

看看窗外

鸟声仍是当年的喞啾

河水仍是当年的痴愚

脚踏车仍是当年的满身锈味

立秋还早得很

而树叶已开始三言两语地

作多角度的飘零

一片从我脸颊擦过

有点痛，却也无从追究

树上悬着安静的果子

如我反思的头

历史沉落的回声

4

近百年来

我们的国民睡着了

我们　睡　着　了

因为

我们　睡着了　所以

文明退步

我们睡

　着

　　了

　　　睡

　　　　着

　　　　　了

　　录音机滴答一声，我们睡着了的头颅从先生钢
钉般的广东官话中瞿然惊醒，从1924年前的阵痛中
惊醒，从鸦片烟榻的崩溃声中，从辫子那样又长又
黑的噩梦中，从乱七八糟胡说八道死不要脸罪该万
死的丧权辱国的各种混蛋条约的捆绑中，从辛亥那
年武昌城楼第一声枪响中，从芦沟桥下一袭灰灰的
飘落中，从日军大炮的频频呼吸中，从嗜血的荆棘
中，从离乱人恓惶的脚步声中，从贪渎自私的右手
与残酷斗争的左手猛然撞击所迸发的血光中，从翠
亨村午后沉闷的雷声中惊醒。

5

我搔搔脑袋

抓了一掌的头皮屑

一掌心心事的化石

便这样

尾随主人进了他的故居

疑似神话

却有它最为雄辩的真实

最为执拗的本质

院子的右侧

有一株先生手植的酸子树

树酸花不酸，据说还可以泡茶

只是随开随谢

亦如中国地平线上初升的太阳

某年一场雷雨之后

树干折了腰，驼了背

原本广被数十万平方公里的浓荫

于今覆不及丈

这里不见石狮踞守

却可听到那口老井对空嘶吼

有人惊醒，有人蒙被大睡

我搔着头皮，继续阅读

翻到了灰尘细说卑微的年代

一只闹钟

埋怨世人太吵的年代

我顺着主人的手指望去：

一锅　冻结的沸腾

一灶　冷却的燃烧

一碗　风干的眼泪

一杓　千年寒泉提炼的坚贞

一椅　庄严而悠扬的沉思

一戕　夜夜被剑啸惊起的英雄梦

我又随之进入了书房

深入

那些用火思考的岁月

三更，他危坐如一冷肃的孤峰

上下求索，搜索

一把犀利的手术刀

五更披衣而起，负手

绕室。苦思着

一项非铁血所不能完成的变天计划

他期待风暴

如期待晨曦

他在为没有裤子的民族

铸造一个钢质的魂魄

为瘦弱而肾亏的明天

注入蛋白质的曙光

一室哑然

一室待发的风雷

我强忍住一个喷嚏，看他

满脸激情地从书桌旁砰然站起

震得两肩的积尘

纷纷而落

他黯然无言

轻抚着桌上杂陈的遗物——

一个地球仪　世界犹在他掌中飞旋

一具听诊器　他早就听到中国不规则的心跳

一盏煤油灯　长夜坚守的一朵冷焰

一支毛笔　李鸿章啊，兴亡大事且听我说

6

先生的话语

停了又说

壁上的灰尘

积了又落

时间的脸孔

脏了又洗

地心的火种

死了又活

午后三时。我的帽子仍未追回

而翠亨村天空的脸色骤变

一阵夏日的豪雨　沛然

而降。八月不再安静

豪雨打瓦，打窗

打阶前落叶

打井边苍苔

打生前身后满屋子的悲情

雨水洗净夏日的欲念，冲去了

读史人凌乱的脚印

也暴露了泥泞下更深的伤口

撑一把破伞

我冲出了冷湿的历史

仰首向天

迷茫中隐约看到

云端一条阉割了的来龙

却不见雨中独行的去脉

革命的衣钵（组诗）

| 郑愁予

一、仰望

号声穿过与黎明壤接的长廊
集合者在天光中列队走来
在此人界与神界的两栖土上
——在此空敞的纪念厅之一端
在已成为数十页国史封面的
民族图腾一样的您的面容前
站着——且将葵花般的仰望举起
在此孤臣孽子的旧乡　在此海隅之一岛
在静蓥的大理石柱间
啊　您坐得是如此之临近
又当"尚未成功"之左钟
　"仍须努力"之右鼓
与凄怆的一百四十五字的大合唱
痛击我们这一代的仰望之目
泪呀　便再也忍不住地自凝视中涌出来

…………

而且　让我们想到
在那一切诞生都是平凡的
汉民族式微的年岁中
（上帝的笑脸恒朝西方的那刻）
却有您超凡的诞生

当忍辱的日子像"台风草"一样
在每节的拔高中预言苦难
（帝国主义正进行掘根贸易时）
却是您成长的季候
且带着属于先知的悲悯
穿上满鞋家园的荒凉
开始走着　走着　悟着宇宙　悟着死
然而　所有的桥梁都跨过了
从这一异端　渡向　彼一异端
而天边泱泱的道统却仍是　儒家的香烟
那么　仍归祖国吧
去触知　那犹刻满文的制钱
每天　对着海棠叶脉络苍老的地图
去感动整个的下午

啊　那是五月　您第一次横过所至爱的
祖国　开榴花的祖国该是怎样的风景
甲午之后　您用悲愤速写的风景

该是怎样的历史

二、芥子

那时　让我们想到
在东方　狮子犹睡在美德之下
有韵致的鼾声一如老祖父的水烟袋子
而随着太平洋的早潮
拥进中国古老而无备港口的
是扯着各色洋旗的大火轮
渤海湾被旅大和胶东特区挤得更瘦了
南中国海
倒挂在港澳的利齿上似一方旧餐巾
而东疆碧蓝的陆棚上
插着巍然的台湾——
哎　就是那块 "请君止步" 的告示牌
次殖民地！　次殖民地!
这就是您所爱的祖国么?

毛子们迈过已四百年了的古京垣
一靴又一靴地踢开宫阙深掩的重门
被禁锢的自大
流落在民间成为义和团倒霉的咒语
列强　列强
在中国版图这块并不平的棋枰上

像定石一样投下了租界和商埠

之后　竟构成政治奥林匹克的竞技场

次殖民地　次殖民地

这就是您所哀的祖国啊

海军专款结为昆明湖的冰了

六君子舍了头颅

傀儡皇帝像伶工一样

向秋来的瀛台谢幕

而战争仍是些卖身纸

轻易地仰身于军机处的檀木桌上

条约　条约　特权像野草那么遍在

那么茂长

在租界与租界的间隙

在用赔款盖了的医院　教会　和洋学堂中

收留着中国人剩余的尊严

总不能让少年像童养媳一样地养大啊

而上李相国书　终成为退稿了

农业的中华命脉

即被泰西工业的骄阳晒死

这时　您默默地决定

然后轻轻地自语

革命！革命！

啊　革命　革命

好一个美得引人献身的概念啊

在历史的江流上筑一个坝

把民族五千年的道统储起

为全世界求生存的物质文明发电

为整个人类的精神领域灌溉

这就是您革命的工程

因之　推翻专制　使那

属清的一季过去

这岂仅是您四十年欲耕收的果实

革命　革命　多美的神性的事业

在大地上　它萌始了像一粒细小的芥子

三、热血

然后　让我们想到

耳语像春风一样自江南绿过来

古老的大地在青年人的走告中复苏

在海外

南洋诸岛被"演说"一个个地拍醒

在檀香山　日本　在新旧大陆

无论在哪里

凡是有拖着小辫子的那个艰苦民族

沉默而无希望地工作着的地方

便传布着您的名字

那么　乡亲啊　还等着什么呢

自银行中提出点滴苦守的款子吧

而且　变卖异乡的产业吧　折价再折价
活像一群染上嗜好的败家子
当三月桃如霞　十月枫似火
燃烧的江南正如檄文在火化着
而首先祝告天地和先人的　该是
"祖国啊，祖国！终于去革命了！"
在子夜　犹开着会的党人　像一群蛾
把激动的脸闪在煤油灯的四围
当一个青年自边远的省份赶来
急切地闯进这群钢铁的灵魂
喂！大家见见！他是我们的新同志
同志　同志　这是多么震响的称呼啊
五指的火钳握着火钳　泪眼相对泪眼
这么久的渴望　这么远的奔赴
这么烫的热血恨不得立即洒出
就为的是这一声称呼
啊，明天，明天丑时行动
正好，正来得及，同志！

那是热血滋生一切的年代
青年的心常为一句口号
一个主张而开花
在那个年代　青年们的手用做
办报　掷炸弹　投邮绝命书
或者把同志来握　紧紧紧紧地握

在那个年代　青年们追随着领袖
比血缘还要亲　守护着理想
比命根子还要紧

啊，同志！
今晚孙先生的专使在李家祠讲话，去不去？
怎么不去！下大把刀子也得去！

四、背影

您
功参造化的大智　大勇　大感召
营建闭塞而庞巨的中国
正如　为此空敞的大厅开一列向东的窗
让耀目的朝阳　像镶嵌一样地肯定
让光华盈满四壁　如四个海闪亮着
当青天高朗　回荡着四万万份笑声
在综错的关山之间　在大风之上
让旗升起
（日出东方兮为恒星之最者）
然后　神采飞扬地挥遍十五省城
啊　这是什么纪元　今天
教师在黑板上仅仅写了两个字：民国
立刻　一堂学子就快意地哭了
当病虫害已久的海棠叶　刚被

烈士的血涤清　当金蛟剪

神话般地行动于一夜间

男人们总算在齐耳的短发下昂起额门

啊　这年代啊

响彻大地的呼声岂仅是"感恩"！

然而　在江南　您的宁静

像嫩雪扑帘的清晨一样

在永夜的思想中　完成了主义的第四讲

是的　官位应让与凡人　而先知

在神性的事业中　必将经典制定

必使之进入万世的邦基　像圣灵一样地做工

当白日朗照　您在自己缔造的国度上

眺望着　却以一个公民的谦卑说

"怎得在此结庐啊！钟山！"

然而　在北国　乱冰在大河中撞着

数千里的平原上弥漫着风沙和野心

统一 统一　这是和平的第一义

是的　要向北方去

您把自己当一支箭那么射出

纵使狼子像卵石一样顽冥

坚信仁者的热血必能把正义孵出

两万人提灯为一个老壮士照路

带着最后生日的感慨　您将远行

在深灰的大氅里　　裹着一腔什么

啊

那是革命的衣钵　　历史已预知

当夕阳　　浮雕您的背影在临江的黄埔

那时正是您满意的诀别

因为第二代的同志已长成

五、衣钵

今天　　又是初冬过去

再不久便是乙巳年的立春

这是您第一百个十一月的第十二日

在此空敞的纪念厅之一端

在闪着泪的行列中

我也是一株　　一株锦葵般耽于仰望的青年

我　　成长在祖国的多难中

曾是髫龄渡海的"遗民"

父兄挫败的悲戚在我每寸的发育中孕着

无论是光荣抑或是错误

这传自您的衣钵　　我早就整个地肩承——

因之　　在我一懂得感动的年纪

在第一次翻开实业计划的舆图就

把泪滴在北方大港上的年纪

我便自诩为您的信徒

因之　在课堂或在满架的旧书里

在那么多的伟人　圣哲　和神的名字里

我固执地将您的一切记取　啊　谁教

每一代中国人的心都是翠亨小村

必须　必须迎接您的诞生

因之

我们不是流过泪便算了的孩子

在繁衍着信仰的灵魂中

我们"生命"的字义已和"献身"相同

而且我们要再现那些先烈的感动

对您和您所创的每一事迹每一词汇的感动

啊　今天

在此人界与神界的两栖土上

在静蠹的大理石柱间

您坐得是如此之临近

当号音的传檄在黎明中响起　您

我中华新纪元的缔造者啊

知道么　又集合了第三代人

在传接您的衣钵

孙中山铜像前的遐想

| 黎 青

我献上心灵编织的康乃馨花圈
在您的面前低头　致哀

我披风踏浪来到这块美丽的岛屿
我寻觅您的足迹处处
索听您的谆谆呢喃

我看到这美丽岛受到太平洋风浪的鞭打
它一身礁崖尽是伤痕和血疤

我看到这美丽岛已是一片朦胧
阿里山的杜鹃　阳明山的红桃
绽放着青春和微笑
千万人夜行到祝山之巅期待
红日从中央山脉的最高处升起

我看到这美丽岛时有寒流和飓风突袭

和暖的晴日忽而又要穿上寒衣
我看到这美丽岛的屏山只有一半
它还没有团圆……

我有一连串的思虑和悲感
我想从您的嘴和眼的神态
揭开心中一连串的谜

尊敬的长者——一代的开国元勋
您坐在这里沉思默想
您是想拍案而立
去密聚的人群中作火热的演讲

一层层水雾在您的四周喷发
您，和您的理想"天下为公"
在水雾中若显若迷
受潮受欺！

哎！这一帮为您塑造铜像的子孙
他们尊敬和膜拜您吗？
我多么希望您再发出光和热
把这一层层水雾赶去！

翠亨村

| 石　英

翠亨村秀丽平和
没有一点肃重的王气
犹似本村一位成员性格
少怀大志
却无意黄袍加身
只希望中山装的纽扣
反射出太阳的本来光色

他呱呱坠地的年代
毛虫正蛀蚀中国版图
香港、澳门如两团乌云
扑向南窗一片昏暗
北风将"天京"余烬的灰腥
送入襁褓中男婴的鼻息
北风南云都在低声呼唤——孙文

风云呼唤中成长

小村却并不寂静

姐姐缠足的痛楚，伴着

打更的梆子声直到天明

平生第一次抗议的对象是母亲

敢对千百年来的习俗说"不！"

更懂事时　他才明白

被裹疼的不只是姐姐

那执掌生杀予夺的圣旨

与伤筋断骨的裹脚一样

紧紧捆绑住人们的手足

不分男女　就连那

最安分的山水也疼得啜泣

他痛恶缠足

如痛恶象征皇权万岁的圣旨

日夜思索　怎样使

千百万双紧裹的手足舒放

手　不再用来触地跪拜

脚　应走在自己选择的道路上

为此他离开牵挂着的翠亨村

辞别了姐姐痛楚的哭声

孙中山

| 丘树宏

第一章：翠亨村

  翠亨村位于中国南海之滨、珠江西岸五桂山下，1866 年 11 月 12 日，一个乳名叫帝象的男孩在这里呱呱坠地。

珠江长，
南海远，
江海波浪翻；
潮涨潮落咸淡水，
沧桑说千年。

桂山下，
兰溪畔，
山河绿如蓝；
春来秋去翠亨村，
走出一个人。

悠悠咸淡水，
沧海变桑田；
走出一个人，
点亮一片天。

第二章：三民主义

"三民主义"是孙中山所倡导的民主革命纲领。由民族主义、民权主义和民生主义构成，是中国国民党信奉的基本纲领，是中国最早的有完整体系的治国经世思想。

第一次，有一双明亮的眼睛，
从地球的那一边回望千年古国；
蔚蓝的海洋浩浩荡荡，
遥远的山河破碎蹉跎。
你说，望闻问切药方，
已经唤不醒沉睡的狮子，
救不了中国龙的久病沉疴。
第一次，有一道强烈的曙光，
从翻滚的黑云中燃烧突围喷薄；
浩渺的天空风雷激荡，
苍茫的大地义起烽火。
从此，民族民权民生，

高高飘扬起鲜艳的旗帜，
开创了共和国的宣言战歌。

第三章：建国方略

　　1917 年至 1920 年，孙中山先生所著的《建国方略》包括《孙文学说》《实业计划》《民权初步》，从政治、经济、社会、文化建设等全方位阐述中华民族的强国理想和发展计划。

一双铁脚走遍大江南北，
从南海，到北疆，
大地高原描摹着一条条铁路，
江湾海滨描摹着一个个海港。

一双慧眼看遍古今中外，
察国情，学西方，
从东到西谋划出远大的方略，
从南到北谋划出宏伟的大纲。

一颗雄心装满东方神州，
盼民富，盼国强，
呕心沥血写就了美好的追求，
披肝沥胆写就了无限的祈望。

第四章：敢为天下先

《老子·第六十七章》中说："我有三宝，持而保之。一曰慈，二曰俭，三曰不敢为天下先。"孙中山先生反其道而行之，提出要开天下万物之先河，做他人未曾做过的事，从此，"敢为天下先"成为中华民族的宝贵精神。

平生都有这种胆量，
破迷信，砸神坛，
为了百姓觉醒，
敢为天下先。

平生都有这种抱负，
舍头颅，历风险，
为了民族解放，
敢为天下先。

平生都有这种理想，
倒帝制，建共和，
为了人民民主，
敢为天下先。

平生都有这种精神，
谋方略，赋诗篇，

为了国家富强，
敢为天下先。

第五章： 博爱

　　"博爱"出自《无量寿经》上的"尊圣敬善，
仁慈博爱"。唐朝韩愈《原道》也有"博爱之为仁"
一说。孙中山先生经常写这两个字送人，这是先生
一生概括和写照。

紧握着你的双手，
握着的都是博爱；
望着你的双眼，
望着的都是博爱。
你想得最多的是博爱，
你说得最多的是博爱，
你写得最多的是博爱，
你做得最多的是博爱。

博爱是你最高尚的性格，
博爱是你最无私的情怀；
博爱是你一生践行的理想，
博爱是你一生追求的未来。

第六章： 中山路

　　据统计，全球与孙中山相关的道路有 360 多条，其中"中山路"或"中山大道"有 180 多条。

好多好多的一条路啊，
有多少城市，
就有多少你；
有多少你，
就有多少城市。
你是城市的血脉哟，
你是中国的记忆。

好难好难的一条路啊，
见证了沧桑，
走过了风雨；
每走一步，
都是一部历史。
你是城市的家谱哟，
你是中国的奇迹。

好长好长的一条路啊，
连接着未来，
连接着过去；
每走一段，

都走向新天地。
你是城市的追求哟，
你是中国的意志。

好美好美的一条路啊，
金子般灿烂，
鲜花般艳丽；
如月皓洁，
好像一轮红日；
你是城市的骄傲哟，
你是中国的希冀。

第七章：中山魂

　　与华盛顿、圣雄甘地一样，孙中山以他伟大的思想、革命的实践、瞩目的成就、独特的人格以及人民性和人类性，成为全世界争议最少的伟人之一。

有一种精神，
托出了一缕破晓的曙光；
屡败屡战，愈挫愈勇，
一次次起义凝聚成百折不挠的力量。

有一种人格，
唤醒了一个沉睡的民族；

光明磊落，平等博爱，
崇高的德行凝聚成照亮天地的明珠。

有一种理想，
凝聚成穿透黑暗的光芒；
振兴中华，三民主义，
艰难的奋斗推翻了封建腐朽的帝王。

有一种主义，
凝聚成普世价值的蓝图；
走向共和，天下为公，
伟大的预言开辟了一条未来的道路。

第八章：天下为公

　　《礼记·礼运》中的"大道之行也，天下为公"，原意是天下是公众的，天子之位，传贤而不传子；后成为一种美好社会的政治理想。孙中山先生对"天下为公"这四个字的毕生追求和推崇而使其家喻户晓。

一生走着颠沛流离，
一心想着劳苦大众；
彷徨中你是希望，
孤独里你是弟兄；

坎坷中你是力量，
寒冷里你是火种；
大道之行，
天下为公。

一生身处艰难险阻，
一心为着人类共荣；
言语中你是真理，
行动里你是洪钟；
黑暗中你是阳光，
乱世里你是英雄；
大道之行，
天下为公。

古人未竟的理想，
凝练成世界之风——
天下大同，
天下为公！

第九章：世界潮流

　　"世界潮流，浩浩荡荡，顺之则昌，逆之则亡。"这是伟大的政治诗句，是伟大的历史总结，更是伟大的人类预言。

世界潮流，

浩浩荡荡，

顺之则昌，

逆之则亡。

一声声惊世诤言横空出世，

一串串落地霹雳袭天炸响；

曾经多少腥风血雨人间屈辱，

英雄豪杰生命铺就长歌悲壮；

一时间千年帝制大厦坍塌，

伟大的国家走向共和日出东方。

世界潮流，

浩浩荡荡，

顺之则昌，

逆之则亡。

一声声盛世危言如雷贯耳，

一句句英明预见铺满曙光；

曾经多少山重水复艰难坎坷，

仁人志士热血染红华夏理想；

新中国龙的身影高高站起，

鲜艳的民主富强旗帜漫天飘扬。

梦太阳（节选）

| 王鸣久

黄土畔。蓝海岸。
一个太阳胎儿正从时间深处泅渡而来。

我们看见了那团光，
我们听到了那团撕破苍茫地平线的光的响亮，
我们闻到了那团弥漫天际的光的芳香，
我们感到了那团光的锋芒，
——它燃烧着一轮崭新，
它旋转着一团灼烫，
它哗哗游动在青铜梦的远方，
也仿佛，就在我们体内生长。

——五千粒汉字伸出带茧的手掌，
两千年露水闪在眼眶，
准备迎接，太阳婴儿。

这是父亲的最后一次叩头么？

如果他的膝盖，从此
再不用向一个遥远的皇帝反复地弯曲，
那么，让我们说：
站起来吧！父亲！——只要站起来，
我们，就是那个新生儿，

最坚决地站立。
这是母亲的最后一次哭泣么？
如果她的衣衫，从此
再不被一天凄风苦雨反复地褴褛，
那么，让我们说：
笑出来吧！妈妈！——只要笑出来，

"我是历史派来的——终结者！"
终结一次次挨打的耻辱，
终结一次次耻辱的忍耐，
终结老大帝国这无法疗治的极权性腐败、无法
修复的失败与破败，以及
它无法逃避的由盛而衰。

南墙不愿开门，北墙不想开窗，
全体焦灼，已没有耐心等待那只颟顸的靴子
迟迟不落在地上——
它的拖延，加速了它的死亡。

李鸿章为破碎的江山咯血，
邓世昌为尊严殉葬，
谭嗣同在最后一分钟为民族两肋插刀，
康梁为国流亡……
这些失败者，以悲怆的失败，
积聚成孙中山的火药，
并不断地充填着革命者的枪膛。

一些事物正在不可逆转地逝去，
另一些事物已悄悄启程。
遗腹的胎音在深深血海里跳荡得那样威猛，
它等待，它等待
轰然间头顶开窗，
破水一哭，把千年铁屋子喊亮！

男人一根辫子弯曲，难免奴才，
女人一双小脚畸曲，势必奴隶。
活破了二十四卷史书，活死了三百五十个皇帝，
却没一个活出自己，
我们好像已丧失了根据地。

从"率土之滨，莫非王臣"，
到"世界大势""天下为公"，
从"臣民"到"公民"，
一字之易，却是两千年的漫长距离。

跨越两千年距离，决非一朝一夕，
但我们必须
割去脑后尾巴，从头上开始，
拆去鞋中裹布，从脚下开始。

这头与脚的双重解放，
是猿之后的第二次直立，
它预演着一个东方种族的脱胎换骨，
并已开始自我蜕皮。

蓝海岸，黄土畔，
那崭新的太阳胎儿正试图拱破地平线。

我们看见了那团光。
我们看见了那团光的羸弱和艰难。
我们看见了围困那团光的庞大而重重的黑暗。
我们看见，一个最大危险：
因为产床感染，婴儿
也许会发生畸变，
历史，不得不预备重新分娩。
　而一个新太阳的诞生，谁能改变？
可以风阻雨拦，
可以雷轰电砍，
然而，这新时代的天空是属于每一个人的天空，

天赋自由，它

拒绝垄断！

新的世界一定会按时出现。

辛亥诗纪（长诗节选）

| 商泽军

> 他挥动着的手臂
> 像燃烧的火把
> 将暗夜里的天空和大地照亮
>
> ——题记

这片土地是板结的
五谷不实，满是秕糠
很多的草疯长着

那疯长的草
成了鸟雀的天堂
人委顿，蜷缩在黑屋子里
鼾声四起，辫子拖在脑后

古老的民族啊，还能振作么
你已病入膏肓了么
孙中山——

这个岭南农家的淳朴子弟
要来医治这患病的中国
他的药引子是血
是啊，他用自己的血
写下了《上李鸿章万言书》
这被壮士断腕的血
这被画家染红梅朵的血
这被志士口中吐出的血
这溅到诗行里的血
挥洒着，凝聚着
在这个时候，冷却了
这个民族的血开始冷凝
不再涌动
不再开出花朵
这个民族的鸟儿的翅膀
开始栖息了么
这个民族的眼泪
只有在脸上挂着了么
这个民族的土壤
只有匍匐和被践踏了么
这土地只有汗咸、血腥和泪酸了么

啊——孙中山

为了这土地的站立

他开始亲吻

这不再开花的植物

不再结籽的植物

他吻那些粗糙的脚板

因为这是

这个民族最后的根脉所在

这里的江河

是民族的脐带

是神经

对于一抔土，谁也不能染指

哦　孙中山

开始用血

用自己的鲜血、涌动的鲜血

来焐热这土地上的石头

他要用他自己的

他的同志的血

把历史、把抗争

刻在石头上

是啊

那些洒热血的青年

用鲜血化作蝴蝶一样的文字

在旧中国的上空翻飞

那些有长辫子的青年

开始剪发

他们剪掉的是帝制的符号

他们也剪掉了内心的尾巴

啊，孙中山

他的语言，犹如黄钟

犹如磁铁

吸附着那些青年，那些土地

开始恢复了活力

如春雨润泽干瘪的种子

那些通向推翻帝制的路啊

开始用年轻的身躯铺就

那些热血的青年

追随先生的青年

开始把牙齿咬碎

他们

再也不能忍受这专制

他们的眼睛开始冒火

他们的眼里

再也不能揉进专制的沙子

他们撕破喉咙

向着旷野呼号：再也不能忍受

这无法呼吸的痛苦

他们开始搏击

在林觉民的《与妻书》里

那些深情的男子
把对家人妻子的爱
已经转嫁给这个民族
已经转嫁给这片土地
你会听到
喉咙的呜咽和诀别
你会听到他们的拳头
攥紧的、咯吱的响声
那是骨骼　在拔节

沉沉的夜啊
南方郊野的鸡鸣
北方城里的犬吠
在夜里
这些青年
把不能忍受的帝制的压抑和耻辱
制成炸药
制成匕首
他们和妻子诀别
他们和中山先生诀别
没有潇潇易水的寒气
有的是热血冲冠
他们用手臂，
用热血涨红的手臂
像燃烧着火光的剑

劈向着不能忍受的历史
他们的呐喊，杀敌的呐喊
向着北方的低矮的城墙
向着南方弯曲的河流
泼洒民主、民生、民权的种子

革命的火种从四处集结
在中山先生的旗帜下
找到了位置
为了告别苦难的昨夜
他们不能不流血
为了自由的明天
他们必须拿出最好的青春
把最结实的躯体
献给　这民族的祭坛

把这颗高昂的头颅
献上吧
只有如此
这个古老的民族
才会有壮丽的复兴

孙中山（外一首）

| 杨　克

这个快乐的跑堂

在丹佛友人开的餐馆里

被绿衣服邮差一把扯住帆布

邮包跳出一封加急电报

他水渍未干的手上

赫然几个字——"武昌首义成功"！

他讶异得差点跌碎了盘子

此刻窗户洞开

透过光亮的云层

他仿佛看见太平洋彼岸

一大捆湿柴堆砌的庞大帝国

从香山翠亨村走出的农家子弟下东瀛

赴檀香山

伦敦蒙难漫游的普罗米修斯

四处煽风点火

刚冒几缕青烟

几粒星火瞬间就熄灭

只埋下 72 颗火种

而他一转身

"轰"的一声大火冲天燃烧

火舌放声大笑

帝制灰飞烟灭

呼喇喇似大厦倾

他扯下工作服

快步走下紧邻洛矶山脉的一英里斜坡混凝土便道

踏沧海之阔绕欧罗巴

经槟城

抵上海就任临时大总统

这个香港西医书院毕业的医生痛下决心

切除北洋军阀这个大毒瘤

着手医治东亚病夫

故国早已千疮百孔

只能头痛医头脚痛医脚

第二乐章无尽的慢板损耗了他的身体

积劳成疾死亡的影子盘旋在周围

伟大的先行者

在奔波中走完仓促的一生

最初的新国家的轮廓

一个未完成的梦

明亮地从绝地中缓缓升起

孙文铜像前

嘴唇紧

抿拄着拐杖的双手骨节铮铮

不倦地凝望　南方的家乡

他曾挥戈北向

这个一生滔滔雄辩的演说家

缄默不语辛亥那年

他扬手　咔嚓剪掉帝制

可乡亲

依然以古老的传统

为他竖起纪念华表

蟠龙的根深蒂固的华表辫子

整天在他　眼前

抽打　摇晃

伟人逸仙（外一首）

| 刘　川

炎黄子孙的孙

中华的中

山河的山

三个字的分量：沉甸甸

几乎压翻

旧世界这只秤盘

像三块坚硬的石头

垒进我们的身体

和屈原、成吉思汗、文天祥、李大钊

毛泽东的名字一起

在我们体内

化为 206 块骨头

赶在东方雄鸡啼鸣之前

垒出一座

新的长城

缝　补

扯曙光的金丝线
穿进一个寒冬

金灿灿的线
缝进无边黑暗
一针一针
露出一只只明亮的眼睛
他——要把这些醒来的人，缝合起来
缝出新的山河

直到今天
想起这个飞针走线的人
我还忍不住想笑一下
他的手可真巧
把那么多破碎的心
缝合在一起，像湛蓝浩瀚的天空
至今，我一抬头
还能看得见

伟人时刻——檀香山的小楼

| 黄亚洲

其实，有一栋小楼，足够了
我抚摸门窗，抚摸木梯，抚摸廊柱
有一栋小楼，其实，足够了
不要笑我，今日泪流如注

这里的楼梯，假如，确是琴键
曾经，奏响中国民主革命的第一行脚步
那么，今天，就让我们重新登楼
让开始曲的马蹄声，再一次震动肺腑

假如，人民最初的杠杆，确是
窗外那株笔直的椰子树
那么，我们就让大清朝再崩塌一次
让瓦砾升腾，让民主狂舞

我看见了光绪二十年，孙中山二十八岁
其兄弟二十余名，皆愿生死同赴，就这样

"兴中会"，小楼披上血衣，血衣上写下三个字
就这样，民主中国的近代发动机，有了最初的转速

"堂堂华国，不齿于列邦
济济衣冠，被轻于异族"，时隔一百十七年
孙中山草拟的《章程》，我仍不忍卒读
一腔带辫子的旧血，依然，直冲头颅

任何澎湃的史诗，都有涓涓序曲
所有大江大河，都源自第一粒水珠
今天，请允许我在这栋小楼里静静流泪
请允许我的每一粒泪珠，都应征入伍

我来檀香山，哪里只是为了凭吊
借取当年弹药，才是此行要务
我愿意在自己的泪水里发芽
我是小楼的一级琴键，还是窗外的一株椰树？

请允许我，靠着这株笔直的椰子树
往思想的弹匣里，默默填数
请允许我，揩着泪花说
革命永无尽头，思想没有坟墓

夜读岐江——怀念中山先生

| 许　敏

先生，一夜风雨
又把你滞留在民国的那条船上
古船飘摇，连着母体与根
血与骨头的锁链，乌云集聚不散
我触到了那么多历史的礁石
海浪掀起的抗争。黑暗中的屈辱
失聪的音符让每一个汉字都战栗
云穷水遥，一阵腥风，又一阵血雨
长歌当哭。天破裂，需要补天的巨石
你从香山出行，溯岐江而上
手持一枚柳叶刀，医华夏五千年之顽疾
剧痛中，你攥紧风雷
与闪电，每块骨骼都发出震天的
呐喊！从历史的泪眼里我看到了
——共和的桅杆与帆
江山煮酒，须眉俱焚，只有亚热带的季风依旧
而生你的翠亭村傍山濒海，不哀不伤
一副云水襟怀，想一想你修过的铁路

铁轨在孤独与悲壮中铿锵前行

今夜，谁缚住大风，谁洗净黑夜
谁点亮黑色的石头，草枯，草荣，一条路沿着春天轮回
八千里路云和月。穿过兴中道与桂城路连接处
我看到林木葱茏——松园，竹园，梅园
灌满了风，九百株龙柏
三万株杜鹃燃烧，两千年的帝制灰飞烟灭
那些菩提，玉兰，木棉，桂树，沉香
都是你无限博爱的身影，手持桃花
在步行街骑楼青梅煮酒，灵魂
仿佛是天河里的倒影，婴儿的眸子一样
干净，一些花瓣尖叫
一轮新月，还在猛烈地撞击我的
心跳，星光迸射，百年风云巨轮一样颠簸
岐江，一个多世纪过去了

今夜，水做的山峰打开隔世的春天
以江为剑，以水作箫。先生，我从皖中的小城
来看你，中山以辽阔的厚土相迎，而我独爱
这片深沉的水域，她急行三万九千米
长桥飞翼，长桥飞瀑，千灯水岸杀出一片光明
母亲的中山沐浴在你盈眶的泪水里
又被阵阵晚风切碎在粼粼波涛之上
巨轮远去，唯一江清流能照见你我共同的命运

中山之光

| 刘小雨

一座铜像的光芒，是一个人
一生的光芒合在了一起，星星一样闪烁着
在湖林新河生态公园，先生
你挥着青铜的手臂，还像多年前一样
坚定、有力，仿佛一段时光铸成的利剑
又被另一段时光举了起来，先生
你面向大海，眼睛里翻腾着不息的浪花
1879 年，你随母亲乘一艘轮船远赴夏威夷檀香山
第一次看见沧海之阔，轮舟之奇
你的心变得和大海一般辽阔，蔚蓝
那种天空的蓝和远，让你的心暗暗长出了翅膀
先生，世界太大了，以至于你一飞就是四十五年
翠亨村、檀香山、广州、香港、澳门
日本、越南、广西、天津、北京、南京
仿佛十四岁的目光从一朵浪花飞向另一朵浪花
水面上的光，也是心里的光
先生，你在颠簸的浪尖上点燃了一盏灯

风落在你的衣襟上，落在一只海鸟的翅膀上

你一定想起了父亲打更时遍地的月光

一定还记得母亲针尖上打滑的桐油灯的微光

怎么能够忘掉呢，青草中的光

树叶上的光，打柴时岩石上的光

牧牛时缰绳上的光

溪涧里的光，鱼虾鳞片上的光

那么多的光，你一点一点将它们挪到黑暗之中

人间亮了，先生

你开始带着一颗心行走在山河之间

一日百年，百年也是一日

辛亥年的革命如一滴水带来了一座大海

那是你喜欢眺望的海水呵

你让自己的身体漂泊成为一艘破浪而行的船

你让疼痛中的人们看见了诺亚方舟

你亮起船头的灯，前方亮了

祖国多美呵，上下五千年

纵横几千里，一个医生不能治愈的顽疾

让光消炎，让光止疼

弯着的背直了起来，停滞的脚走了起来

谁说苦难不能开花，谁说

一个人的肚里只能撑开一艘小船

一颗能装下国家命运的心

他的动脉是黄河与长江

他的静脉是通往山顶的路径

山中有雨，那雨水的光芒

在大地上流淌着，汇集着

先生，生于畎亩，你早知稼穑之艰难

联俄、联共、扶助农工

让 1924 年的中国亮起了三盏明灯

江山多娇，引无数英雄竞折腰

先生，你一定累了

1925 年 3 月 12 日像一架留声机

记录了这样一句话

"和平……奋斗……救中国！"

你最后望着窗外的天空，仿佛初见大海

你眼中的光，心中的光

给了身边的人，给了远方的人

你似乎要带走人间全部的黑暗与痛楚

你最后写下的，是我们永远走不完的路

一个人，终于长成了一座山

你把山中的沉寂打破了，先生

中山之音，中山之光

像钟声，像天光

那么多的人在中山公园、中山站、中山大学

中山路、中山大道、中国南极中山站

向你致敬

这么多的人走在新世纪的光线中

他们懂得怀念

在南京中山陵，一位孩子捧着鲜花

默默流泪

因为热爱，他面对一座挺拔的山峰

懂得了仰望

在中山市的上空，一群鸽子飞着

洁白在蓝色中获得了自由的飞翔

一个人在晨曦中走着

一群人在春天走着

中山，可以是一个人

也可以是一座城市

仿佛一个紧握而向上举着的拳头

但只要它舒展开来，我们就可以

看见中山之光，照耀着

幸福与光荣

先生，你的故居里纤尘不染

弥漫着希望之光

在中山的大街上

人们从容地南来北去，东来西往

他们都是被光芒照亮的人

中山之光

正在春天的花瓣上

一点一点酿造着未来之蜜

第二辑　我们的中山　我们的颂歌

▲ ▲ ▲

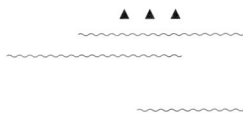

他继承了大香山的衣钵
名字生长了五桂山的花草树木
基因设置了岐江的神奇密码

他爱醉龙舞，爱飘色
爱荼薇花和脆肉鲩，爱咀香园的杏仁饼
爱神湾菠萝那用汗水浸出的满屋香甜
现在他长势喜人，像极家门口的细叶榕
漫不经心就把咸水谣唱得字正腔圆

他有时在逸仙湖边漫步，在先生铜像下玩耍
不知不觉就长大了
举手投足，映带九百六十万平方公里的大好河山

岐江无言，默默向南
他要赶到珠江口，赶到伶仃洋面前
把爱我们的话，说得明明白白

比回归线还温暖的地方

| 匡　满

比回归线还温暖的地方
海鸥的眼睛
已经反复地验证
桂花是在正月里开放的
有一种芳香　像海水与盐
浸透了思想
并在丘陵与海之间腾越
而太阳在黎明前就酝酿
一次猛烈的爆炸
如同今天核子一样扩散

比回归线还温暖的地方
芭蕉和竹林
即便有一片枯叶
也发出金黄的歌唱
何况铅色的大幕
根本无法抵御

世纪早晨的青春骚动
哪怕仅仅有一缕
如丝的曙光
也有穿透一切的力量

铺天盖地的荔枝云
有一千年了吗
根须疯长的大叶榕
有一千年了吗
渔歌牵着阡陌
桨橹牵着沙洲
是谁望见了远来的
利剑以及硝烟
更有一支自由的铜号
由天空向下反射

于是从赭红色的农舍里
从伶仃洋的熏风里
走出一个短发青年
走出一个志在救治
古老国家痼疾的医师
走出一个紧握火把
既照亮了世界
也随时可能烧毁自己的
流浪的吹号者　以及

东方的普罗米修斯

而此时的北中国
一顶顶沉重的皇冠
专制、腐败以及愚钝
早已压弯了千千万万人的
脖颈以及脊梁
苍天在问：如果一个人
屈辱到了失去膝盖
那他会是怎样？
如果一个人屈辱到任人宰割
而且没有了泪水
那他会是怎样？

比回归线还温暖的地方
五色土里饱含着
所有生命复兴的元素
大王棕织成的旗帜
旋舞起八面来风
一座山崛起了
一座不知疲倦奔跑的山
一座振臂呐喊的山
一座于今华夏大地上
所有地方都有他名字的山啊

比回归线还温暖的地方
汽笛点燃了夜空
旅人蕉适时归来
啼血的杜鹃
终于引来一群
耕耘的布谷鸟
人们终于听见了
一座沉重的铁门被嘭嘭叩响
而燃烧的木棉花
正和朝阳一起跃升

比回归线还温暖的地方
先生就这样走向中国
巨人就这样站立起来
忘我求索与博大的爱
铸就了大写的两字：辛亥
当一声枪响划破了黑暗
一个民族重回青春少年
原来一个名字
也可以撞开一个世纪
进而撞开一个世界

中山　中山（外一首）

| 潘红莉

当我来到这座以伟人的名字命名的城市
中山　此时万物静谧的中山
紫马岭将诸多的树木和植被扩大
向阳的坡度聚集暮秋的阳光

我的尊重和爱戴　起源于这座城市
文化的底蕴蓄积　朴素和淡然的力量
学　学啊　礼的谦　流水潺潺的学校
在中山乃至我们的国家都在上
我看见的温度是恒久的　那些开在校舍窗前的花
盘桓的树木　自信的笑容和打开的心
流水的源树的根　中山将这里的育无限大
以此为骄傲的是先知而为的延伸
著称的历史就是荣光就是集锦
像中山历来的不可少的学科

我在翠亨村景仰一位以天下为公的伟人

他的故里连接着众多的故里像在对乡邻的诉说
用朴素铺就平凡的伟大　我看见胸怀
一位先行者杰出的思想　拨开云霾的己任
中山从此以世界的目光进入世界
以伟人的胆略接受漫漫征程

当我们漫步在这里听清晨的鸟鸣
听露珠滴落树叶上　紫马岭大地上的虫鸣
我的敬仰不仅因这里蜚声海外
不仅因这块土地孕育博思和睿智
这块土地的种子让根的厚重拓展博大
中山中山当我写下这些诗行人文的精神就
闪现着品格　历史的画面　让足迹更加远
让今天的中山闪烁深邃和无法忘却的魅力

紫马岭的玫瑰园

紫马岭　秋天的迟疑　玫瑰园时间的哲学
我的北方的落叶金黄　像鱼儿游过我的眼线
现在的紫马岭叫南方　福克纳献给艾米丽的玫瑰
使我在事实面前难辨真假　第一朵和第一百朵都在

紫马岭玫瑰就要磨灭灯盏　秋天的暗香失落
只有秋天的玫瑰卓约　走过旧日是那时的模样

玫瑰　哀悼　远处的群山黛绿　那么远那么远
像极地坦露蒙蒙的白光　像这一生远方的爱

玫瑰　我们哪一个的日子越来越薄　铺张越来越短
紫马岭的赞美却无处不在　缤纷的嘤鸣谷的鸟鸣
添补着世上的残缺　玫瑰园的事物　擦拭
丢失的词语　沉浮　内心的柔软　悬浮的旧事

此时的虫鸣清晰　玫瑰的秘密覆上轻雾
寂静　果子落地的声音　在时间中拉长
有些丢失的事物　属于永远的不归
有些事物从容不迫地来临　在玫瑰园做常态万物

此刻　有谁想拉住玫瑰的时速　出生入死
晚秋稍加修饰就会一地的殇　暗香洞开　听最后的
　　火焰
暗和岸一直相互依赖　夙愿的河流
在十月　敲击甜蜜　也华丽地转身　留下哀伤

在中山

| 程　维

这里是先生的故里，我们都是后来者
先生再来，是否还认识，多年不变的乡情
一直未改的乡音

打工的阿明，客家子弟，舞醉龙的兄弟，木匠老七
步行街的老店，烟墩山的塔
这里的一切都记着先生，以先生之名呼唤城市
先生便无所不在，仿佛须臾未曾离去

相思中山（组诗选二）

｜ 洪 烛

中山之夜

不知道香山为什么那么香
不知道吹在我脸上的是山风还是海风
月亮倒是每天光临，见证每个人的梦与醒
见证近处的海洋，远处的长城
那个把倒下的长城给扶了起来的人
将名字留给了故乡
多么美好的夜晚啊，我只是在月光下
迈了一步：左腿停留在 1911
右腿已跨进 2011

在中山的山中怀念一个人

中山，颠倒过来念，就是山中
太阳，颠倒过来看，就是月亮

如果人生也可以颠倒过来

我希望回到那样一个夜晚：

是啊，他没有死亡，他刚刚诞生

哪怕周围的树木与花香都是倒立着的

故乡，颠倒过来想，就是异乡

桑田，颠倒过来讲，就是沧海

如果历史也可以颠倒过来

这座城市将回到空白：

那个从空白中诞生的人，用了多大的力气？

把颠倒的乾坤又给颠倒了过来……

我来中山寻亲

| 方海云

我得承认：在此之前，我对他们
所知甚少。我只知道：很多很多年以前
我有了很多漂泊在外的亲人

尽管分开太久，但无须辨认和确认
那被祖先植入血脉的印记，已让我们
一下子感应到了彼此的心

是鸟儿飞越万千山水，是种子
落地生根。更像榕树
永远着她无边的青翠、阔大与坚韧

客家人，不是做客的人更不是
无根的人，而是这片天地的主人
岭南的阳光与季风，重塑了他们性格
话音里也没有了中原的粗粝
那充满了美丽和沧桑的客家话

承载着祖先太多的智慧和暗语
他们爱着守护着，一往情深

如果中山是一棵大树，客家人便是他
壮硕的枝干。多久了，这棵树一直
枝繁叶茂　花果飘香

现在，我知道我有前辈依然健朗
他们，也时常在岭南的绿树花红里
眯起双眼，回望苍茫中原
我的姐妹娇媚婉约婀娜动人
我的兄弟头脑睿智骨骼清奇更加玉树临风
他们开天拓地改变自己改变国家民族的命运
中山不算太大，却足以把时代唤醒
历史也早已把答案告诉现在和未来的人们

在中山，我见到了
更多的乡亲。他们热情，自信，团结，顽强
那种敢为天下先的精神依然在传递和蔓延
她漫过大厅，漫出客家，漫过中山
漫向人类更高远的未来

从兴中道出发

——写给中山慈善万人行

| 许 敏

这是一条温暖的河流，也是一条壮美的河流

无论多么坚硬的心，都会融化

春天绽开稚嫩的芽孢，在中山市

从兴中道出发，你会看到一滴水挽着一滴水

一滴水牵着一滴水，汇成滔滔江河

这是春风浩荡的河流，也是骨质硬朗的河流

有向上的理想，对美好事物的渴望和对纯美世界的构建

一朵朵浪花，蓬勃，生长，有着母亲的疼爱与体温

万物褪去沉重的衣裳，阳光也是

大善，大美，在我们的头顶经久嘹亮

1800 平方公里的家园，180 支巡游队伍汇聚成涛声和船帆

歌之，舞之，蹈之，奔腾的河流，无言的教育

从兴中道出发，20 余载，只有起点，没有终点

一路上，阳光灿烂，彩云翩跹，长虹如蕊

如果你是中山人，这条河流将穿过你整个生命

给你以执着，给你以信念，给你以江河深沉的气度

如果你是外乡人，偶尔来中山，这朝霞辉映下的河流

将给你以美，给你以力，给你以无限的温暖

你的生命也会像这条河流一样奔腾，越过积雪、峡谷

一颗博爱之心拥有如此辽阔的疆域，这是一场幸福的远征

一滴水光芒四射，一滴水就是一颗光彩照人的珍珠

如今，你在桂山岐水、鹅黄稻绿、蕉肥荔红中感受

中山的清、正、和、气，有临水自照的老屋

有沧桑阅尽、恬淡如菊的洗衣妇，有岁月里的水烟筒

有小巷深处的鱼饼香，有香山盘根错节的胎记

有情肠百转的草木本心，有葱茏的民俗民风

有凯兴达玻璃幕墙里

飘动的流云，有醉龙，有醒狮，有飘色

有义演、义卖、义诊、义修、义捐

春天的韵脚这么轻柔，一滴水被托举，上升

展开芬芳的品质，幸福不过如此，大河中有日月

大河中有诗篇，大河中有星光，大河中有春天

这是一座城与一个时代的永恒信约

中山，流淌一条慈善的河，在南中国热泪滚滚的腮边

三乡广场

| 苏历铭

坐在夜幕中的花坛边缘，我看见
人们陆续进场
东南方向矗立的巨幅液晶电视
播放着《动物世界》，狮群注视着迁移的野马
它们在草丛中策划阴谋
一个阵营的存在，必须谋杀另一个阵营

老年人、中年人、青年人，以及稚童们
组成各自的阵营，阵营里分解成不同的群体
炫技的街舞吸引着我的目光
他们颠覆常人的姿态
一只手撑起整个身体
急速旋转。我担心他们钻透地面
看清地壳下的秘密

有人热衷于交谊舞
他们彰显着广场上仅有的优雅

远比中老年人的广场舞更具观赏性
一招一式，落实着内心的企图

春风宜人，顺势躺下来
发现夜空中闪烁着寂寞的星星
我开始数星星，一颗一颗地数
数着数着，鼎沸的广场上
空无一人

中山生活（组诗）

| 王晓波

紫马岭

秋天要做的事情
譬如到郊外
譬如到湖畔
譬如到我们中山的紫马岭
悠闲地近望　远眺
可爱的南方秋色

秋天是散漫和开心
譬如变成蓝天的风筝
与流云为伴　漫无目的
自由自在的游戏
无拘无束的一瞬间
你的欢笑　变成
我微信的一朵笑脸

秋天要做的事情
除了秋收的喜悦
除了自由自在
若有所思的开心
譬如还有……

白木香沉香

在时间之外
在历史的深渊
白木香　凝香而沉
岭南香山五桂飘香

从彼岸至今
岁月悠悠
已整整 860 年
仿佛又是在昨天
昨天　虽不可留
却余韵绵长
留下你的芳踪
并不是伸手
不可及的缥缈
白木香　香木成林
古香山　香飘十里

你的芳香

惠泽一方

中山　沉香之乡

因你而悠久

在青烟袅绕的阜峰塔

在梵烟缥绕的西山寺

一壶茶　一抚琴

一炉香　一缕烟

母亲一样的白木香

孕育一方的香脂

产自人间的青睐

芬芳　已整整 860 年

仍翘着昔日的晶莹

白木香沉香

永恒　刹那

咏奉献的香

为生命痛快的伤

刹那　永恒

中山，握成一只向上的拳头

| 叶才生

龙穴遗址。南越礁石。阜峰文塔与碉楼
以及三十九公里的绵延岐江
向五桂山群峰日月奔走
十年，百年
八百五十年风雨同舟
中山，握成一只向上的拳头
斗笠。织网。夹砂陶
祖先的起居饮食摇晃在一叶小舟
头枕惊涛，卧听冷雨
海像岁月最大的网囚
面对着无尽洪水与无数野兽
祖先，曾经握紧恐惧的拳头
哪怕在病中，哪怕在梦中
也从未放弃阅读一山一草的忧愁
请铭记炼草药驱风寒的轿夫黄汇
请铭记造饼充饥的自梳女
这一群群中山创造，创造了版图的绿洲

中山，握成一只有力的拳头

如今，力量在大信新都汇迸溅

沙溪凉茶、咀香园中华老字号

经英语翻译，出口新的乡愁

金生茶庄依然悠悠

一杯凉茶打开百年香山的锦绣

中山，握成一只向上的拳头

条条的经脉四通八达

万家灯火万家厂楼

沙溪服装穿出了幸福的休闲

古镇灯饰闯出了新的丝绸之路

黄埔飘色，大涌红木，三乡古玩……

中山，握成一只向上的拳头

这片依山望海的神奇土地

祖先曾钻木取火，伐木取舟

如今菊城金扮、长江叠翠

如国父故居，人流如织而环境清幽

候鸟有人杰地灵的韵脚

中山，握成一只向上的拳头

灯的峡谷，灯的河流，灯的高峰

金斗湾渔舟唱晚，开发区数字高吼

慈善万人行化为中山莲

四百万中山人，握成一只向上的拳头

深中大桥与广珠轻轨

是新的拉力器，是欢快的奏鸣曲

我们的中山，我的颂歌（外一首）

| 黄权林

穿行在中山，我想邀时间一起坐下来
闲聊。抱月光与阴影长谈
我想具体地命名这个城市的事物
抓住它通向幸福的修辞
我想把自己从洁净、宽阔的街道上变走
像练习某种过墙术
穿行并回归到泥土黑暗的部分
大概，我会迅速返回到南头
返回到十五年前
老屋门前的碎石小道与桑树边
穿花衫的母亲
正伸手摘下紫色的桑葚……
而十五年的建设与变迁
母亲河。村路。市集。母校。旧时庭院
都已改容换貌，慢慢地变得
现代化、时代美
现在，想起一颗桑葚的味道

这个城市几辈人的幸福与苦困
便在一棵遥远的桑葚里汇合
甘甜，温暖，青涩

中山，我的故乡，我的骨头

原谅我。原谅我内心的情愫
原谅我身体里多雨的天气
原谅我悄悄反刍我们的日子
原谅我被闪电攥住的命运吧
原谅我。原谅我在你健康地生长
骨质致密的时候，仍然风湿
仍然痛。深深的痛。狠狠的痛
但我需要继续痛——
在你贫穷与忧郁时痛
在你日渐美丽时痛
偎依着你时痛，远离你时也痛
你知道的，痛是另一种深爱
故乡。原谅我吧——
我想在昨天痛，今天痛，明天痛
十月一号那天也痛，以后也痛
我想保持着痛，就像保持着一种赞美

一粒蚂蚁的家乡规划图

| 杨万英

首先，必须有一个零下20℃的冬季
有鹅毛大雪的日子，有一片皑皑的白
让刚吃完荔枝的孩子们来不及喝沙溪凉茶
让大人们在一年辛劳之后
有时间安守一团红泥小火

命令石硖龙眼把烟台红富士娶回中山安家
——这爱美的姑娘拥有最招人疼的脸蛋
叫水稻腾出一块地盘给小麦或高粱
小康的日子有长寿面的模样，朴素，满足
再多贪一口，嘴角就飞出五谷的醇香
特别鼓励乡亲们在岐江两岸
植满五颜六色的绿
十万亩阡陌蕉林在左，十万亩郁郁森林在右
牧童的短笛，只一声就醉了岭南水乡

除了轻轨，还需要一个国际机场

让"中山制造"八小时就远销阿拉斯加
伸个懒腰就穿过无边落日，抵达西藏
那些飞越岐江上空，繁忙的运输大鸟
在我眼里，可以看成自由野鹤排云而上
晴空之下，先生该赚得半日清闲
寻一叶诗兴大发的兰舟
纸扇轻摇，慢悠悠从岐江荡到珠江

提倡崖口飘色的队伍里，勾兑点民族风味
允许醉龙舞到兴头，吼几声秦腔
嘱咐咸水歌抹上三分黄梅小调
她的软，她的俏，顾盼多情
从此拴住天涯羁旅的心
菊花会务必请五柳先生光临
这人间的桃花源
要让不为斗米折腰的诗人，放下架子与民同乐
采菊香山下，陶然忘南山
这高贵的田园诗人，必将与先生结成挚友
这可爱的彭泽县令，必将深谙中山民情

最后，我还要规划一座"失物认领大厦"
作为中山的标志性建筑，选址就在市中心
务必请蜜蜂担任设计师
他有勤俭、团结的优良作风
他有技艺精湛、专酿甜蜜生活的美名

让流浪儿认领归家的路，瘾君子认领回头是岸
让聋哑人认领音乐之声，含泪说出汉字神奇的美
让变质朽坏的婚姻，认领与子偕老的爱情
至于你，萍水相逢的朋友
如果旅途辗转，不慎遗失了中山印章
千万记得去认领慈善、博爱、天下为公

允许我与其他蚂蚁相亲相爱
一起搬运生活庞大的内核
无限幸福，无限渺小

在中山感受蓝

| 胡雅玲

1
蓝　架于高空
和云　和风　和看不见的影
组成万象　真实却无法触摸
它带来阳光　雨露　也带来阴凉
我们说那是天空　是星空　是银河

它俯罩大地
和万物的生长
海　因此有了它的蓝
有了它的轻和远
陆地有了它的星罗密布

树林密布　石头发青
河流卧着成长
草粒像蝶　扇动它美丽的翅膀
遍布世界

这是蓝　也是中心的蓝
我们抬头看见天，蓝的天
低头是地　托起万物的地
因此　我们想到家园
想到英雄　想到一个领袖
想到他的思想和建国方略
如春风　吹开万物的蓬勃
我们说：那是蓝
有关万物成长的蓝
是看得见和看不见的蓝
如善行和善心
藏于你的心灵　行于你的言表

2
你说　你是蓝的一部分
是中山上空的蓝

事实上　你就是蓝
是"蓝天凯兴达"的蓝
用蓝的温暖　照亮那些需要的角落
以细微的爱　串起博爱的大网：
援助　捐建　扶贫　提升　担当　参与……
都是一个个蓝的生动词
它们——开启了

一扇去往远方　春天的门

3
一切都走远了　生命静下来
回忆　一种慢　时光苍凉的爱
有蝶　由远及近
那么轻轻地飞着　飞着
在眼前　不肯停靠在枝头
季节深陷其中

一个人　在暮晚的风景里
看海　所有的帆船成为时光的过往
向同一方向倾倒　消逝
只有一种蓝　融入暮色
融入生命的温暖
无怨无悔

在中山

| 秋若尘

六月的中山还略显干燥
久不至雨
草木们疯长
这个夏天，我和你一样深陷迷途

姐姐，这一生，我们做了谁的流水
被明月困着
被黄金的事物灼烤
被越来越多的芒草阻断归程

如你所愿
我已经安于棉布的生活
与蜜蜂和草芥子为邻
对所有路过的飞鸟，均施以雨露和粮食
我们粗糙的肌理，在时光面前
不曾沾染一点灰尘

夏日的情节多么乏善可陈
落花去了他处
三千里明月空悬

哥哥，兴中道上没有紫荆花的影子
它被巨大的绿荫笼罩着
从南到北，枝干阔大的霸王椰
我每天会有十分之一的时间是它们的
我们均分月色
在人间练习吐纳
有时候互为彼此的泥土

在这里，我守着潦草的文字
在狭小的居室挑灯布线

春风虚度
蓝花儿开着
椰子树长势良好

哦，你看
东风来来又去去
春天依然如此美好，秋天也是
那些反光的事物
一直都在云朵之下，天空多么高远

写到这里
我就开始想念故乡

如今，我也是你的姐姐
素袍锦心
虽然风不说话
我们隔着潮湿的雨水

想起你，我就想到落日圆融
我们在时光的背面
饮酒、贪欢、唱小曲儿
想我十七岁的女儿，和你一样
有着雨后百合的清新
如此简单
就这样让我想着你
没有开始也没有结束

我家住在岐江河畔

| 紫妍子

我家住在岐江河畔
我将地球一分为四
东南西北我是东方
我将东方一分为二
南方北方我是南

南方以南　先生的故乡
如果你不知道中山先生
你不要来爱我
两岸一河在先生的故乡
名叫岐江
有一畦畦自留地的情人路旁
与我清溪花园的一间复式楼相亲相爱

下班之后我决心做一个农民
自给自足计划经济
油麦菜　豆角　雪菜　番薯叶

七字形的锄头让我握得油油地亮
我一锄是汗一锄是歌
自来水不会白白地流
他奔向菜地
一把黄一把绿奉献给我

一树鸟声　淹没了城市的喧嚣

| 刘春潮

每次经过孙文路
我都会被这一树鸟声吸引
叽叽喳喳　叽叽喳喳
我甚至看不见这些唱歌的鸟儿
它们被浓密的树叶隐藏着
只知道声音从这里发出
这里车水马龙
肺叶形的绿叶
在暮霭中洒满夕阳的光辉
偶尔会有迟归的鸟儿
它们口衔胜利的果实
瞬间消失在一棵树的森林里
偶尔也会有鸟儿飞出这片森林
但它们不会在天空中停留太久
盘旋数周后又重新回到了大家的合唱
就这样
叽叽喳喳　叽叽喳喳
一座城市的喧嚣　被一树鸟声淹没

去中山（外一首）

| 黄成龙

在去中山之前我倦于奔涌。在去中山之后
我不再赞美公园。我不再流入六点半的人潮
我开始学习阳光，我要接触上班路上的花
我要把岐江河踩在脚下
把满城的绿色搬到
阳台上，让你听
让你闭上眼睛猜出岭南水乡的民歌

母亲，我去了中山

母亲，我从大半个中国回来了
回到广东，你是不是还坐在家门口
等我，再把磨破的衣服给你缝补

不！我去了中山
这里的土，和故土一样芬芳
这里的水，和家乡一样的甜

——母亲，我很好

今夜，趁着雨停出来走走
我是穿过无数个白天来到岐江河桥
眼皮下的河水，有鱼跃出水面
我分不清哪一朵是溅起来的水花
哪一朵是泪花，让灯火辉煌的楼影覆盖着
很美很美啊，母亲

我看见月光下的商业街道
花朵簇拥着人影，像一幅《清明上河图》
到处是春天

母亲，您居于中山
我便努力配好钥匙，每天打开一扇春天的门
和您一起漫步

可是呵，您还在等我
我还往夜晚的银行里存钱到您存折
傍晚，我用蓄满米缸的米粒
又煮了一回端午饭

母亲，我很好啊
房东刚刚发来短信
原谅我这个月房租，下次再交

三溪村纪事

| 倮　倮

傍晚，三溪村的雨下得有些蹊跷
它既没有下到古老的飞檐上
也没有下到刚刚还尘土飞扬的小径上
它下到一个从青石板小路的街角
晃过来的陌生人心里
那个人心里万马奔腾
心情如怀素的狂草

惆怅的雨
落在曲曲弯弯有些寂寞的小路上
从墙角一闪而过的小花猫
看起来也有些寂寞
舌头翻卷着暗黑的悸动
一盏昏黄的灯仿佛一个小小的天堂
世界上所有的车马都在运送黄金
某个人却在寻找灵魂的灯盏

梆梆梆的雨声中，一支悲伤的歌
飞离了演奏的乐器，飞进黑暗
雨水的指挥棒胡乱地挥动着——
一匹旧时光，伫立雨中
仿佛那灯，仿佛那天堂

民俗里的中山

| 杨官汉

长洲"醉龙"

敬酒、灌酒！
酹酒、泼酒！
出庙的醉龙纵情狂舞，
舞龙的汉子更加抖擞。

与其在沉闷中蛰伏，
不如在阳光下醉倒！
动地的鼓点是龙的心跳，
轰鸣的鞭炮是龙的呼号。

与龙共舞，心也飞翔，
舞落漫天星斗；
与龙共醉，酒入豪肠，
是破壁腾飞的感受。

舞醉龙，酒醉心清，
醉龙舞，醉极犹醒。
舞龙的汉子有了龙的灵性，
飞舞的醉龙演绎千年的梦。

沙溪"鹤舞"

有蚌蛤相嬉，
有鱼虾相亲，
泽国千里，你却踮一只脚，
独立风尘。

有鸟语花香，
有清风乐韵，
长空万里，你昂起一点丹红，
破雾穿云。

醒狮麒麟雄壮威武，
金龙银龙五彩缤纷，
你舒展轻盈，以一身素净，
超越了世间无数激情。

崖口"飘色"

一个一个盛装少男少女，
轻盈得像飘舞的衣带，
甜蜜得像绽开的莲花，
飘色——这里空中的舞蹈。

或许，他们就是一只一只彩蝶，
盘旋空中，采集阳光的蜜；
或许，他们就是敦煌的飞天，
飞来了，就不会飞走。

撒一路透迤的五线谱，
播一路浓浓的南国风情：
乡下隐姓埋名的艺人，
把梦境中的辉煌再造。

让灿烂的笑容缓缓飘起，
让苦难的云烟静静飘散；
南方的天空是质感美妙的田野，
让所有的付出都获得回报。

第三辑　小镇　发光体

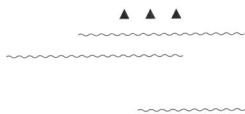

读一份小镇史
要专心致志，心无杂念
先读出乡村
读出水道与它的波纹
读出它里面的芭蕉，鱼池，雨

读下去，要温暖地读下去
读出遥远的锄头，或犁，或稻花的闪光
读出平坦的公路，厂房，路灯与霓虹
读出一个小镇容颜的变化
还有那锈在原地
透明而干净的幸

石岐篇 ▲ ▲ ▲

我走上中山这条著名的街

| 叶延滨

走上中山市这条步行街
这条叫孙文西路的步行街
是中国大地上的千百条道路的起点
这千百条路都有同一个名字：中山路！

走上中山市的这条步行街
总有一个人走在我的前头
步行街的老房子回答我的询问——
他是先生？他是中西药局的孙医师！

走上中山市的这条步行街
太阳正在把天上的云彩染红
那是红色的旗帜指引着红色的狂飙
太阳说：请记住你的父兄们都走过的路！

走上中山市的这条步行街
我的影子加入许多人的影子

一部黑白纪录片显影出黄浦江大上海
大上海搂紧了世博会里五彩缤纷的中山馆！

走上中山市的这条步行街
我的心就像小鸟归巢一般安宁
心在告诉我，因为心是中国心
全世界的华人的心都能找到这心之巢！

走上中山市的这条步行街
轻轻地推开了一道世纪的大门
回到百年前一个早晨，开门者对我说：
您好，孙中山和辛亥革命正在等您！

孙文西路

| 杨　克

衣着光鲜的孙科，搀扶着身穿香云纱的卢太夫人
上了 1925 年的黄包车
硬橡胶车轮，从泰东戏院门口
踩着粤曲轻快滚动

人力车夫一路小跑，他的光头大汗淋漓
撞进街旁叫卖的吆喝声里
人流熙攘，踢里踏拉的木板鞋
敲出一地细碎的粤语

许是国是路非，忘了回家的地址
这一拉　竟走了 85 年
乘客早已不知去向
水磨青砖的南洋骑楼下
车夫戳在街头，沐着民国那年的风雨

在孙文路上想起孙中山

| 祁　人

从来没有哪一条道路这么地宽广
由一条街贯穿一座城市
由一条路一座城市延伸到世界各地
像一个人的足迹，走过的路
成就了一条大道，在中华大地上
行走着亿万龙的传人

这是在中山，一条孙文路步行街
与北京上海南京乃至世界各地的
所有中山路，缘自同一个人的名字

是的，行走在孙文路上
我想到了孙中山
想到一个人的名字由孙文到孙中山
需要怎样的勇气与热忱
想起一个伟人的诞生
需要多少的磨难、艰辛与炼狱

想到一个城市和四百多条同名的街巷之间
绝不是一个简单的数学方程式

我走在中山市，走在石岐
走在孙文路步行街上
仿佛置身于历史的回廊
仿佛闻听一种振聋发聩的声音
穿越了时空，洒在一条条中山路上
烙下一行 "天下为公" 的印记

步行街的变迁

| 安石榴

每走一步都仿佛踏进历史
沿街的图片浮动起来
迎面走来一辆人力车
一位南洋客打开了店门

房屋上镶嵌着欧洲和岭南
街道中行走着近代与现代
在历史的穿越中
我是一名归乡的商贾
还是一个观光的游人
老字号店铺和品牌连锁店
每一家都是石岐的味道

植入今昔的城乡和街景
流通世界的招牌与标签
使我在一条几百米的街道
似乎经历一次遥远的旅行

这是孙文路，还是迎恩街
这是中山市的步行街
还是香山县的石岐镇

在如水暮色中

| 林馥娜

在晚霞隐去之前抵达
小城披着金钻的光
凤凰树在行道旁展翅
行人施然于前方

从进行曲到平沙落雁
从一种生活进入另一种生活
天色缓缓暗了下来
我已好久没听到自己的心跳
这样真切。在一个异乡的傍晚

暮色低回的石岐
宛如一支咿咿呀呀的橹
摇出了如水的安宁
在与诗歌相遇之前，我已提前一步
进入洁白的时光

石岐，中山的原点或圆心

| 罗　筱

以石岐为原点
往逸仙湖
投一粒石子
街巷、小区、商铺
便一圈一圈向外延伸

左边的新都汇才下午
右边的石岐佬已黄昏
更远一些的南下
正枕着缤纷夜色
说出城市的激情

以石岐为圆心
画一张画
勾勒一幅未来的图景
用山水写意
以休闲的情调

以霓虹的灯影

最好再配上那首《步步高》的曲子
好让这座叫中山的城市
朝着美
以及幸福的方向无限接近

逸仙湖漫步

| 于芝春

一

散步在你黄昏的湖畔
走走停停
在今生的岸边
邂逅了曾经的青春诗句

那块石头还在
层层叠叠的纹路
向我叙述它的前世今生来世
和一些与现实无关的事
梦里的三亭桥还在
我看见上面写着两个字——共和

风儿踩着柳叶从你的湖面路过
把那只不肯归去的鸟儿吹成了旧年的岚烟
而岁月已经远行

英雄圣贤们的故事，她懂

二

在回廊中唱着粤剧的老者
悠闲淡定静守着空山空水的人生
在湖上泛舟的游人
优雅自在追寻着碧波清音的意境
黄昏掩映的烟墩山
给逸仙湖留下了一轴无言的背景

历史的情节虽然早已注定
流淌在故事中的人物依旧清晰
只要十月的回风吹起
那个被岁月洗濯了百年的辛亥传奇
玲珑而永恒地舒展
在逸仙湖的云烟浸染中

岐江之恋

| 杨万英

今天，我悬艾草，浴兰汤，系五色丝
准备好纨质蕙心、一把适于扑流萤的绢扇
从一叶画舫出发，踏长歌六公里
踏过七七四十九个错落有致的节点

霓虹闪耀，长桥飞瀑，两岸华灯照水
水光潋滟之间，夜色倾泻岐江柔情
雄黄酒醉倒一江逝水
忘记今夕何夕
——而我不在
而你无处不在

何止一个桨声灯影的秦淮旧梦
何止一个杏花烟雨的江南好景

今天，我有一腔白蛇性质的爱情
一粒许仙味道的固执

隔着岐江，隔着珠江，隔着长江

隔着一千公里的思念和祖国沉稳的心跳

我穿行在岐江之上

犹如穿行于千湖之省的故乡

我知道，此刻洪湖之上

十万顷莲花举起了洁白的誓言

十万顷莲花绽开了芬芳的红颜

她们发动一场甜蜜圣洁的政变

——不远处，海风送来蕉林密语

送来一千年前，妃子笑声里的清香

过了天字码头，快到横门水道了

渔灯分影，六桥无信，我该不该挥手招来诗兴？

可不可以按照二十一世纪的快捷方式

给你写一首大唐时代的七律？

以这一方钟情于我的岭南水乡为纸笔

以岐江温情体贴的流水为且歌且吟的韵脚

以两岸流光溢彩的灯火为平平仄仄的字词

你是那遍寻桃花源的痴书生

我是那恋上异乡的故乡人

当我写下

当我写下507，尘世中一盏微光

每夜为我点亮回家的心

当我写下青溪路，细叶榕与香樟树

举起通往青溪花园的浓荫

木棉花开，玉兰花开，紫荆花开

当我写下石岐区

岐江的黄昏从我笔尖流过

落日悬挂于蕉林

几缕光线蘸着炊烟，绘下渔村新景

当我写下北纬 22°11′——22°47′

东经 113°09′——113°46′

一座岭南花园城市向全世界敞开怀抱

捧出一颗赤子之心

所有把异乡生活成故乡的人

在月圆之夜

与我相认

龙舟赛

| 龙小龙

预备 ——

这是我稔熟的故乡。故乡的早晨是母亲做的醪糟汤
喷香而甜蜜。平坝河谷里，清风、薄雾荡漾
姥爷是红脸的太阳。在山凹里打了一阵太极拳
然后打开光的闸门，奔泻的光芒便流水一般
顺势而下
濡湿了中山大地，因此菊花长势更盛了
邻家的小妹倚着门楣打量
在她眼里，我这名来自异国他乡的游子
似乎有些陌生

我从远方赶来
为一场隆重的赛事，甘做百舸争流中的一员
我已掬一捧炊烟洗脸，不再蒙头垢面
穿上母亲缝制的蓝布马褂，像一名勇士即将出征
岸上有人高喊：准备好了吗？准备好了——山河回应

此刻，两岸激情的锣鼓喧天，彩妆的龙舟整装待发
我们将以最隆重的方式抵达成功的彼岸
用欢笑和泪水，为母亲献礼

开始

一声令下，生龙活虎的木舟便像离弦之箭开始冲锋
每个人都攥紧手中的机遇，使出全身力量
嘿呀嗨呀，整齐划一
他们以团队的形式，进行着另一种奔跑
奔跑在风雨的鞭笞中，奔跑在光阴的利剑上
奔跑在夸父的传说中，奔跑在勤奋的血缘里

这个时候，我的血液在奔跑，我的目光也在奔跑
我要看清这些龙的传人
是怎样把幸福和喜悦，粮食和精神
以最迅速的方式，呈送给翘首以盼的母亲
江水飞溅，波光炫目，布满神州的雷霆
奔跑是这个季节里最隆重的动词
且花期如海，掌声如潮

"这个奔跑的时代，我们要超越既定状态"
祖国的南方，一座叫中山的城市在奔跑
阳光下，是红土地的石岐

黑头发的森林和黑眼睛的湖泊

而龙舟是一个载体。承载青春梦想和历史荣光

就这样，一条条巨龙，一行行方块字

越过了一个又一个目标

实现着跨越式发展

再长的文字　也将在石岐分行

| 陈　芳

石岐　一册史籍里记载的铁城
有关她再长的文字　也将在此分行
新旧历史的镜子　依然在岐江闪耀
尽管时光已经踩灭烟墩山的狼烟
那一节抛渔网而业的景象
好似还在西山寺的香火里蠕动
看花塔飞檐引诗文歌赋
岐江两岸观虹桥飞渡
立兴中道　我们缅怀故人
伟人如一艘在历史长河里博弈的龙舟
在这一方丰饶的水土上
搭起了一个时代变革的舞台

今天　榕树牌坊古城墙
这些香山最初诞生的胎记
已在现代文明社会里和谐生根
当在唐诗词影里捕捉历史的烟雨

石岐的每一层肌肤

留下了艺术家们大尺度涂鸦的彩绘

那一条条网状的血管已串联起珠三角

放眼那层叠如浪的绿叶

听那工业的指针嘀嗒作响

瞧那已经在城中滑翔的幸福轨道

我们这些飘泊的异乡人

将在这里留下　看你的包容

看你种万千博爱　扬和善与大美

在石岐，没有忘却的抒情与合唱

| 欧小兰

你的五月
水的火焰开始苏醒
在空气和船桨之间低回

星的苗子在龙舌上窜出
凭着古老的传唱
你的苍穹回到最初的泉眼
喷涌出汩汩流光

你开口便有了歌谣
龙在舟中腾跃而上
带着你的儿女成群，万水千山
扬起正气的楚辞离骚

这是共同的时刻
所有的情绪只写着一种背景
——乡愁，就这样畅通无阻，寄到了远方

阿妈新摘采下柚叶和艾蒿

煮一锅香草热水　对我絮絮叨叨

一洗邪魔远走，二洗美德要守

出落我的姑娘红粉花绯，知晓它自古香草美人配

美人啊如今遍地开花

不知道她的始祖住在哪一类善美的词里

时间有了典故，似是而非地讲起着玩笑话

我漂泊的足迹循着风的声音

聆听石岐的歌谣

那里奔腾的龙啊，流动的诗光

一样是阿妈的平仄

押着荣耀和贤德的韵脚

编织多少朴素美好的愿望

在你

从不辜负与遗忘

西山寺

| 黄廉捷

1

我看见烟墩山的身姿
在十年前一个夏天
同时看见的还有岐江桥
这一看
让我对她，恋上百年

2

白玉兰香飘街头的时节
我来到你身边
把两个城市无关的表情串联
就算门不当户不对
毫无关系
串联是一种味道

3

下雨天

在西山寺的一间影院
重拾久违的
1994 的感觉留连于此
累累的
别样的孤独
又十分避世
并跳入另一个世界

4

漫步于人烟稀少的中山路
有时感觉无趣
这种街道气氛非常陌生
缺失气场
那种活力的气场

隆都沙溪

| 晓　雪

哺育了杰出诗人阮章竞，
哺育了著名画家方人定，
你是诗的土地，
你是画的故里。
你的儿女走遍世界，
在 56 个国家书写创业的诗章，
你的子弟扎根故土，
在你的怀抱里创造时代的奇迹。
你的红木家具精美无比，
吸引着五洲四海的顾客；
你的休闲服装别致新颖，
把各国青年打扮得漂亮英姿。
你的华发生态园，
追求人与自然和谐相依；
你重视用文化铸造灵魂，
正努力实现"诗意的栖居"……

在沙溪与谢克强一起雨中植树

| 叶延滨

雨水像洗印岁月的底片
此刻，与我一起弯腰植树的克强
四十年前像个新郎军官
神采奕奕地站在我的面前
那是西安东木头市的小院
那是西安太阳和西瓜一起上市的日子
红太阳印在每面墙上
西瓜放在每张桌子上

谢克强这个铁道兵的秀才
与我这个养军马的小马倌
在老《延河》的院子里相遇
相遇就相遇了
招一下手又分开了
像小火车站上扬旗吹哨
一下子吹走了四十年

我们在各自的轨道上
走各自的时间
长江是谢克强枕边的钟
我弄丢了我的故乡
四处飘浮想找到家
手上是一份失效的导航图
地图上印满了叫做诗的地名
"谢克强"三个字
就常常把我引向
一座又一座诗的海市蜃楼

雨点在浇醒树叶的时候
先浇醒我，这个谢克强是真的
这个公园是沙溪最美的
最美的还有阮章竞的纪念林
好啊，四十年再加一场雨
我把我的记忆填进树坑里
让这棵树每一片叶子
都写满谢克强的故事……

在沙溪

| 谢克强

1

偶然　不如说是诱惑
当我来到沙溪
最让我惊喜的是她的秀丽
还有她有着优美韵律的名字
像一首朗朗上口的诗

2

我知道　我很渺小
就像沙溪里的一颗沙粒
是的　我是一个外来者
但绝非是一个局外的多余
没有沙　哪有跃动的溪

3

这是个宜于抒情的季节
也是个宜于抒情的地方

不是么
沙溪　你奔波了多久呵
你小小的梦里藏着的秘密
无意中让一群诗人发现
激动不已

　4
在沙溪　我愿是棵树
不只装点华发生态庄园的风情
更想在波记古典家具
或者状元坊里
传递树的家族隐密的词语
或者古典的记忆

当然　我也愿是一根纱线
温柔地催促岁月的花朵
在一件件休闲服上次第开放
成就沙溪休闲服装之都
集外的故事

　5
在沙溪　我也是一滴水
此刻　滴落沙溪清清的溪水里
和沙溪千千万万滴水一起
涌起拍天的大潮
直向梦的大海奔去

沙溪，拜谒阮章竞林

| 梁　平

这是一片生长的树林，
树枝伸出的手势，
分行成诗。从遥远的太行，
穿过枪林和弹雨，
穿过岁月，
终于回到了沙溪，
一片静穆里。

诗人是沙溪的一片叶，
孕苞、萌芽、舒展成翅，
迎着子弹和太阳飞，
飞去了那个山高林又密，
兵强马又壮的根据地。
在未熟的庄稼地里，
在动荡的漳河水里，
飞出了自己的姿势。

这是一个来回，

一个人用了他整整一生。

硝烟里正义的抒情，

搬上舞台，舞台就是战场。

油印传单上的长歌短句，

急促与舒曼，都是晴朗的呼吸。

他是战士，是诗人，

他的子弹是一颗颗汉字，

为时代留下了弹痕。

叶

落

归

根。沙溪，

有这一片归根的叶，

还原成泥土。它重新发芽，

再长出一棵树，一片林，

这里，一直会生长诗歌。

有一种觉醒

| 高旭旺

走进中山，和
沙溪华发生态园
有一种悟性
叫觉醒
情，在这里扎根
诗，在这里发芽

一栋栋别墅
靠在一起，藏在晨曦深处
风，推开窗
迎来的，是一曲曲
泻绿滴翠的鸟鸣

一条条石径，弯弯
牵在一起，挂在晚霞边
六月天。关不住的
是南国沙溪的蛙叫

被太阳吃剩下的荔枝
在窗口。红
一个劲地红
红得福贵

被夏雨洗礼的鸡蛋花
在门前。白
一个劲地白
白得干净

中山高地
沙溪深处
华发生态园的存在
或叫凸显
是寻梦的程序
也是一种觉醒

沙溪：以诗歌描述的小镇

| 杨万英

依照一首好诗的模样给你

给你安稳绵延的四季和雨水

给你蔚蓝高远的天空

给你棉花柔软的白和夜晚宁静的黑

给你灯盏和灵魂

你就能依照一首好诗的模样

剪裁出悦目的衣裙

给你牵挂的针线，踏实的脚步和守候

给你永不落空的行走

你就能依照一首好诗的模样

缝一双贴心的鞋子

而你走过的路，必织成锦绣

给你十六颗钻石

镶嵌成村庄的样子

给你十六个芳名

依照一首好诗的平仄声韵

龙瑞、圣狮、象角、虎逊……

康乐、汇源、乐群、中兴……

怎么叫你都是吉祥满身

给你岐江，给你狮窖河

两条玉带，一握纤腰

适合显山露水

而你，是最美的女人

取代一首好诗

正在显山露水，正在怀孕

裳羽衣上的沙溪（节选）

| 叶才生

一

阳光半岛的月光下
一衣带水，隐约传来新石器的钟声
为了追寻你的足迹我泛舟岐海
我看到一些古老的捧陶罐人
或者结网捕鱼，或者飞石击鸟
或者捡拾一些蕉叶与树皮
称之为时装
他们的倒影在水中荡漾、破碎
家园被风吹来，又被另一阵风吹散

篝火已经燃烧了八百年
你已经被海水侵蚀八百年
可是仍然有一个梦想在不断地传递
越过滔滔波浪
我将拾起甲骨文中的稻穗

勇敢穿过漫漫黑夜
直视你黎明般的眼睛

二

而现在，就是现在
我终于找到了一个属于乡镇的方向
一个属于新时代新农村的方向
空虚的心被你久远的石头装满
我躺在香山文化的河流上
等待采集硕果的金秋
赎回我被荒废的土地、灵魂
还有祖祖辈辈可望不可即的梦想

事隔已多年
我一直渴望人民远离汗滴与泪水
就像渴望丰收远离灾难
回归祠堂庇护的石凳下
回归我双眼千百年来守望的那片热土中

对着月光，我想
很早很早以前的某一个诗人
也许，在某个古老的渡口凭栏远眺
在黄昏，有乡亲沿着岐江出走
背负着朦胧的月色漂洋过海

那一声一声的划桨声啊

像岁月中的一道暗流

滋润了古树的根

滋润了一个名叫隆都的乡村

三

从此，隆都

总是以一种姿势诠释一个年代

在碧绿的江海上

放歌荡舟，把网潇洒地撒下去

让歌声刻在故乡的水面上

为了鱼米之香

为了节约汗滴

乡亲们扔了锄头，换了铁牛

扔了镰刀，换了收割机

富饶的绿色漫过视野

每一片蕉叶都有一层厚厚的阳光

每一片阳光都拥有一片土地

一幢幢别墅坐南朝北

榕树下悠然的娱乐是他们最好的注脚

顺应一位老人的预言的发展

昔日漂洋过海的华侨回来了

投资置业的创业者涌过来了

寻找美寻找家园的旅游者来了
络绎人群，传递力量
在热辣而璀璨的 T 型上
一年一度的沙溪版《霓裳羽衣曲》
活力而张扬
张扬而活力
成为这富庶土地的进行曲

沙溪　一条诗意盎然的溪

| 李容焕

诗歌走进沙溪
走进　从南宋发端
流经二十次后
一条诗意盎然的溪

龙瑞塔与探花及第牌坊
像站着的两首古诗
龙山书院与龙环古庙
像坐着的两阙古词
五千年的海蚀穴遗址
看诗人们去如何遣词造句

举人杨铁夫　与诗词共舞
同盟会员郑道实　与诗歌
牵手　画家方人定
与诗歌连脉　诗人阮章竞
更用沙溪水酿造《漳河水》

与刘逸生的旧体《唐诗小札》
堪称　诗兄诗弟
黄汇开创的沙溪凉茶
溢满诗的甘甜与苦涩
张慧冲自编自导自演的影片
让诗眼盯着他的魔术与武技
新兴的红木家具与雕刻
让诗人笔下妙笔生花
马克·张的珠绣时装
闪烁着诗的多彩与浪漫
刘斯奋的《白门柳》
饱熟书香世家的风华文笔

沙溪　一条诗意盎然的溪
在珠三角西岸边潺潺流淌
流动古隆都的方言俚语
流动老侨乡的赤子情怀
流动新强镇崛起的主旋律
流动休闲文化的诗情画意

霓裳信

| 倮　倮

在台下观看时装表演时，我在想
这些 moder 是不是上帝寄给世界的信
想到这里，我笑了。我们每一个人
都是上帝寄给世界的信
只是有的写得工整些，有的写得潦草些
在沙溪这个南方小镇上
我突然特别想成为一名设计师
我要剪一匹最好的彩云做料子
剪一缕清新的风做束腰
剪几滴清甜的雨水做流苏
设计出世界上最漂亮的彩衣
把每个人最美的一面呈现出来
我想让上帝知道
虽然他的马虎导致许多不公平
但没什么，我们可以通过自己的努力来修改
——我们每个人都是最美的那封信

沙溪人

| 周庆荣

一

波浪闪动间，我想把一切都记住。容易流汗的南
方，让事物有了热烈的局面。那里的温度、荔枝、
龙眼、香蕉，甘甜了独特的乡音。

二

一半的人走向远方。

沙溪，这个镇的版图胸怀全球。走向远方的人，把
岐江走成了太平洋，把沙溪走成了祖国，把祖国走
得越来越大，直到无边无际。他们在别的地方继
续流着汗水，他们带着根部的温暖，在别处完成表
达。沙溪的智慧是让江水滋养土地，土地上的人和
事幸福或者美丽。

他们向远处呈现了古老的东方崭新的面孔。流汗，
不流泪。不说自强不息，也不轻易叹息。有温度的

地带，沙溪人的体温对植物有利，对陌生的人们有利。他们走到哪里，哪里就有了生机。

三

另一半人，还是愿意留下来。

种树、栽花，料理田野。其他的进步似乎都始于生存，繁华或者美丽使更多的人们更容易记住这里。那些身在远方的人，更加怀念。

沙溪是长久的回望。情，在四面八方；爱，这里是永远不变的地址。

在沙溪，我坠入一场古典芬芳的梦

| 方海云

这个暖风微醺的上午
我坠入沙溪一片缤纷梦境里
那柜那台那沙发……忽然开口

她们用幽幽的红和香说话
用古典高贵温柔的目光说话
用飞龙金凤和飘飞的云朵说话
用金菊金鱼仙鸟和孩童的笑声说话
用紫檀黑檀酸枝花梨木的心说话
……用我说不出的美好说话

那些红阅尽古典时光，一开口
全是芬芳
那些云像是从几千年前飘过来
那些龙和凤也一直在飞翔
亘古的铜依然守护着今天的人们
一棵棵树又经历了怎样的沧桑？

她们漂洋过海落户这里
再把东成人的智慧和情怀倾注之中
每一个细节都述说着对家的渴望
所有的渴望都雕于绵密坚实的红木
一切美好而宁静，爱与感动弥漫其间
红木，为梦而生

一场古典芬芳的梦，让我
记住了中山这个温暖的冬天
爱上沙溪

小榄篇 ▲ ▲ ▲

六千朵菊花

| 叶延滨

中山市小榄镇是举世闻名的菊城，年年深秋
举办全国菊展，今年最引人注目的是单株立菊怒放
6211朵菊花，创上海大世界吉尼斯纪录。

多好的秋天，暖暖的太阳
燃烧着的是我每一片花瓣
我的每一朵小菊花啊，都是
太阳点燃的一束火
温暖着每一双眼睛
每一颗爱美的心……

我是世界之最吗？我不是
我只是中山小榄的一个平民
中山是出产世界之最的地方啊
出了最伟大的孙中山
孙中山有个绰号孙大炮

开炮轰走了清王朝
啊，我就是当年那炮口上
朝着天空一朵怒放的火花!

我是中国之最吗？我不是
我只是中山小榄的一个平民
中山是出产中国之最的地方
出了最平民的总理名叫唐绍仪
他是民国第一总理，卸职后
又当中山小小的县长
啊，能上能下，放得下身架
就像这满城淡香的菊花!

多好的秋天，暖暖的秋阳
燃烧着的是我每一片花瓣
我的每一片花瓣
我的每一朵小菊花啊，都是
大地给您的一句祝福
六千句祝福六千个希望
让您记住菊城小榄的模样……

当菊花与诗歌相遇

| 丘树宏

远古的时候，
究竟是哪一个爱美的人，
在这里种下了
第一棵小小的菊花，
让八百多年前的沧海，
嬗变成了富饶的桑田？
从此啊，小镇的名字，
就随着那馥郁的扩散，
彩霞般铺天盖地
传遍了塞北江南。

菊神在这里安下了家园。
每一条街道，
都是菊的世界；
每一条道路，
都是菊的伸延。每一家，每一户，
你种满了前庭，

我栽满了后院；

每一畦，每一坡，

我一片红彤彤，

你一片金灿灿；

你筑起一座菊的亭台，

我造起一座菊的楼坛。

然后，当大雁到来的时候，

就向全世界的菊花，

发出一份份金色的请柬———

让千姿百态的菊花，

在这里一齐绽放，

让绚丽多彩的笑容，

在这里共享团圆。

今天，风情万种的缪斯啊，

也袅袅娜娜地走进了小镇。

看啊，看！

在晴朗的天空下，

每一个花簇，

都栖满了诗的韵律；

在人群的簇拥中，

每一片花瓣，都写满了诗的浪漫。

一朵朵俏丽的菊花，

在诗歌的诵读中翩翩起舞；

一首首美妙的诗歌，

在菊花的芬芳中轻轻咏叹。

啊，当菊花与诗歌在这里相遇，
就诞生了一个个动人的精灵，
月亮一样温馨；
就孕育了一个个可爱的生命，
太阳一样璀璨。
一个个的精灵和生命啊，
怀着诗的虔诚，
带着菊的爱恋，
在广袤的天地之间，
交合出神秘缠绵的故事，
升华出如痴如醉的梦幻……

小榄读菊

| 李小雨

是谁在提炼生活中的黄金
连同喜悦、未来和梦境

那流淌的花海、四溅的花浪、垂落的花瀑
那长长的璎珞、卷曲的花瓣、盛开的花心
那千姿百态的大立菊、悬崖菊、野菊……
重重叠叠，让阳光的金属直射轰鸣

这一天，是小榄的节日
她是金黄色的、含苞的或怒放的
她有稻穗似的饱满、铜铃似的笑声
她簇拥着，奔跑着，泼溅着
经历了那么多风雨和漫长的等待
终于让成千上万朵菊花，和
钢花、焊花、开发区里的电光石火
脚手架上的汗珠、五金厂里的欢欣
一起开放——

让蝶翅上隐现孩子们的笑脸

让香气溢满流水线上的产品……

还有那么多拥挤的游人……

这些种菊、育菊又最懂得赏菊的人

中国大地上最勤奋的一群

他们懂得甜蜜和美，就像蜜蜂

兴奋地扇着劳动的翅膀

提着今秋最沉的蜜罐

扑进芳香的空气里

直到把心脏

也燃烧成一粒小小的黄金……

现在，遍地菊花渐渐升高了

50 米，100 米，直至深邃的夜空

那是礼花，从天而落的菊花

地上地下已盖满一片灿烂的黄金……

而我是一只北方来的燕子

在这一天，我融化了翅膀上的冰凌……

小榄的菊花

| 韩作荣

菊花，中国的菊花
聚集在一个叫小榄的地方
这南方的小镇
已有八百余年赏菊的历史

菊花，这么多菊花
从春天走来
从四面八方走来
从根须和茎叶中走来
从雾雨霜露中走来
从陶潜的东篱下走来
从黄巢的铠甲和利刃间走来
穿越时空
让季节在苞蕾中迸裂
将秋风抓得*丝丝缕缕*

雏菊的娇弱

大丽菊的雍荣华贵
立菊散落蓬勃花雨
淡白、明黄、艳红、深紫
小镇灿若明霞
洒满月的清辉

深秋溢出园圃
弥漫菊的清香
温婉的笑意在瓣蕊中掩映
无言的清丽在花枝间勾留
人艳如菊，人淡如菊
这小镇充溢着南国的明爽和香艳

是的——
我没见过虬结的龙舟
岳阳楼和黄鹤楼
或让菊瓣成为龙的鳞爪
与凤鸟的羽毛
八千余节竹管撑持放射状的菊枝
只生于一株菊的母本
那巧妙的嫁接
竟让菊枝绽放百余种花朵
绿茎不胜花的重载
蕾朵按照人的意愿盛开

菊花，中国的菊花

在温室里扎根、取暖的菊花

在盆栽中浅植、分蘖的菊花

在献媚中攀龙附凤的菊花

在龙舟与亭台楼阁中

失去根基的菊花

怀着金黄欲望的菊花

都在这一天灿然开放

吸引着千千万万双眼睛

可在重重叠叠的瓣蕊和花雨里

我依然思念那枝东篱下的菊花

自由且随意生长的菊花

无拘无束、天然去雕饰的菊花

被诗人纤弱之手采撷

亮丽在悠然见南山的目光里

菊花诗韵

| 张同吾

我在诗的节日里来到小榄
感受生活的富庶和阳光的温暖
满街都涌动着南海的烟波
到处都是菊花般的笑靥

小榄的菊花覆盖了整座城市
五彩缤纷的诗意映照云天
香透了秋风秋雨塞北
迷醉了琴声悠悠江南

菊花来自远古苍莽的旷野
植根于陶渊明的庭院
便有了千年雅士的魂骨
便有了百代淑女的风韵

没有玫瑰的妩媚
没有牡丹的娇艳

却在阳光普照的中国大地上
飘荡着诗的灿烂

就连皎洁的明月和摇曳的星光
就连澄澈的湖水和苍翠的山峦
也在浓郁的菊香里轻歌曼舞
洋溢着和谐吉祥的诗韵

作为名词的小榄和动词的菊

| 祁　人

秋天的小榄是一个名词
在南方，正被一个叫做菊的植物
覆盖。菊花们
沿着十一月的阳光
一朵一朵地，爬满秋的枝头

这是广东中山发生的事情
菊花，说开就开了
在名镇小榄
灿灿的菊花，一朵一朵
开得如此的鲜艳

菊的盛开，吸引了世界的目光
而此前，她像一位羞涩的女孩
怀抱着小榄人的心事
譬如伟人故里的宏图
譬如八百年沉淀的花期

于这些日子里，竞相绽放
在一张张小榄人喜洋洋的脸上

唐朝的菊与宋代的菊
在小榄已不分姓氏
南山的菊与北海的菊
在这儿不期而遇
还有那么多外国的中国的菊呀
在小榄组成了一个世界

当秋天开满菊花
当菊花开满世界
花海与人海就连成一片
小榄就沉浸在幸福里
而秋天，已被菊花覆盖
作为名词的菊，在小榄
演绎成为一个鲜艳的动词

这是 2007 年发生的事情
而我不是唯一的见证者
在广东中山，在小榄
菊的心事，在小榄人的手中
丰硕成为秋天的灿烂
和一项崭新的吉尼斯纪录

爱　菊花的传承

| 董　妍

请允许我回到过去　　800 年前的甲子年
我听惯母亲的咸水歌、"白口莲"长大
我扮演了黄圃区最美丽的"飘色"
我与金龙、银龙、云龙、纱龙、醉龙
还有麒麟　伴随着申明亭鹤歌、鹤舞长大
在美丽的二月十二大王诞、云汉村三月三、圣狮村四月八
我提着篮子　或者筐　盛着一枝又一枝的菊
请允许早上的露珠在菊花花蕊上停留
一些沿着花瓣落下　请允许
一些菊花高调地盛开　有些只是羞涩的蓓蕾

我走过大沙田　翻过五桂山　穿过崖口
在明代开始传盛逢三、六、九的沙岗墟上叫卖
我喊出：菊花来　菊花来
请允许趁墟的人们拥挤
有钱的人可以买菊和菊花美食
就着酥脆的咀香园杏仁饼喝一口沙溪凉茶

来一碗嫩滑的三乡濑粉，吃一只水乡爆谷煎堆、茶果
还可以挽着隆都年糕、芦兜粽、
黄圃腊味探亲访友
满墟的喊声让墟日的清晨更加嘹亮
满墟的颜色让家园的街道更加狭窄

我喊出：菊花来　菊花来
没钱的请尽情地看花赏花　你看你看
春天的白菊淡妆素裹
夏天的黄菊雍容华贵
秋天的红菊热情奔放
冬天的紫菊烂若明霞
至于免费的菊花　我送给跃马提刀的兵士
他们爱脚下的土地　远行的路上需要菊花相随
那些赶考的书生　出埠的人们　相亲相爱的人呀
我一定送你几枝
一枝照亮你的前程　一枝福如东海寿比南山
一枝照你儿孙满堂　一枝照你回归中山的道路

菊花素洁　菊花芬芳　菊花害羞
即使深秋　即使天冷　也会开放
我这卖菊花的姑娘　身穿云纱衫　与菊媲美
不管你是财主　不管你是家丁
我允许你们爱上菊花
允许你们买我的菊花　如果我愿意

请赶墟的一个男人爱上我　也请我爱上爱菊花的男人

我的嫁妆在中山　漫山遍野

我手巧的母亲呀

东阁种绿云绿牡丹

西阁种墨荷凤凰振羽

前庭帅旗西湖柳月凌霜盛开

后院立菊独本菊大立菊一身傲骨

我手巧的母亲呀　在我出嫁的必经之路栽满菊花

待我出阁的时候　菊杆铺床

花瓣做被子和枕头

枕巾绣菊花和鸳鸯

我菊水沐浴菊花梳头菊茶含香

菊花床上　我与我的夫君

四周全是花香

请允许我生儿育女　一代又一代

一代又一代　我们爱　所以菊花盛开

我们爱　所以菊花传承

菊花走了八百年　还要走八百年、八千年

经久弥香　经久弥鲜

请允许这样的香气充满我们的小屋我们的中山

请流香四溢　传遍中山　传遍中国　传遍世界

这是一个多么幸福的时刻　菊花与繁荣一起和平绽放

大涌篇 ▲ ▲ ▲

水边的紫檀靠椅

| 张新泉

水边无人
水中无鱼
树不招风
云不带雨

那把紫檀
独对天地

扶手被空　扶着
靠背被空　靠着
众多神秘的木纹
横也玄机
竖也玄机

此时适宜冥想
一生三　三生九　九九归一
适宜不来　也
不去

在大涌，我说出喜欢这个词

| 姚江平

你走进我的心里，一次邂逅
就让我毫不犹豫地喜欢上你

喜欢你的质地
喜欢你的细腻
喜欢你的大气
喜欢你的深沉

喜欢你一抹阳光下的沉静
喜欢你温馨月夜里的幽思
喜欢你背景里的细节
喜欢你幻想中的典雅
喜欢你弯曲的每一个弧度
喜欢你内敛的个性下隐藏的高贵
喜欢你你就永远留在我的记忆里
喜欢你你就让我的呼吸长久温热

小镇的颜色与气息

| 石　英

两三万人的小镇
最突出的是两种颜色
一种是卓旗山披的常绿
一种是门面溢出的幽红
着实让别的杂色相形见绌

不只是颜色，还有气息
这是晨风与花香亲和的呼吸
还融入了外来客炽烈的热情
小镇的气息微醺了客人
而客人新的感觉又为小镇镀了
几多亮色

中山虽然早已改了名字
但香山并没有随时间远逸
它山间野花和着木质的异香
通过一个远来的北方佬的鼻息
直送到依依难舍的心灵深处

红木也相思

| 洪 烛

红木也相思

我来南国，没找到红豆
却看见红木。红木打制的家具
是爱情的标本。有了家具
家就不远了。有了家
还缺少爱吗？有了爱
没找到红豆，又有什么关系？
它原本就该种在心里
红木闪耀，虚构着一个未来的家
红木跟红豆一样红啊
南国不仅产红豆
南国的红木也相思

红木的年轮

年轮在转，转得比车轮还快
比汽车轮还快，比火车轮还快
可以肯定它走得比我更远
把路变成了卷尺，缠绕一圈又一圈
年轮在转，快得像没有转一样
以最快的速度回到原先的位置
我眨一下眼，它已转了千万圈
年轮在转，直到转不动为止
明明转不动了，看上去好像还在转
从一个自己，转到了另一个自己
我必须牢牢盯住，才能看出区别
年轮在转，一张没有表情的脸
什么都没告诉你，又什么都告诉你了

小叶紫檀

| 潇　潇

八月的大涌镇
太阳更换着红火的面孔
迎接我们
额头上的汗珠有紫檀的呼吸

踩着红木梯子
走近一件一件静穆沉古的家具
印度的香气，越南的潮湿，
缅甸的虫鸣，南洋群岛森林的凉意
浓缩在鼻尖和手指的肌肤上

顺着一种古色古香的调子
我俯下身来
精雕细琢的百兽在红木家私上苏醒
说着一种隐语，我听到了什么
血液向鸟儿飞去

悬空的老虎和狮子
深紫色，起伏着
转角遇见我受惊的样子
如此绝妙，红木的焰火顺势而下
被吵醒的小叶紫檀行云流水
拐进了野兽蔓延开的细枝末节

风使红木的焰火在岁月坚硬
纹理优美
雨让红木的灵魂在时间碰撞
不可替代
八月的大涌镇让我们在金色的一天
越陷越深

献辞（外一首）

| 林　雪

从大涌到沙溪，卓旗山凸凹起伏
如女人的腰肢，如孩童的鼓点错落
有稻谷升到路面
有塘鱼跳到裤角
一幅江山
挟着蔬菜的绿、甘蔗的甜
水果的缤纷。挟着那山，那水
凭窗而立，我坐成一个观光客
向东倚一条岐江
向西拥一条西江
在眼底徐徐展开。那山，那水
坐成一本书。为她
在一街的隆都话里舞起狮子

雨啊

雨落在中山……是少女的发丝
凌空掠过。是拂过自然的手
长于回忆。它来自于平静的
生活一样的乌云
絮语一样播洒于此
它书写生长之诗

当它匆忙洒在我的领口
稍停在我的袖子
她对我这个异乡人多么眷顾

看她就像是街角折叠的景色
展开，再收起
那让一切为之倾慕的美

它又滴落在我的手里
也许不是。我已经握住一个中山
或是它的一个时光
一种故事。我多想再留住它一会儿
让它划过我手心再结束这短暂的旅行

写给大涌小镇的红木家具们

| 叶延滨

这些红木家具
像外来新移民
他们来自遥远的山林
成为这座小镇的光荣——
"中国红木家具之乡"
北京发来的光荣匾挂出来
多谢了，多谢红木家具
个个是小镇的荣誉市民！

这是客厅里的红木团队
这些家具就是中国的礼仪先生
茶几很方，茶水香
座椅很稳，请放心
走近它们就走进中国
一副礼仪之邦的气度
客客气气
大大方方

这是餐厅里的红木家族
中国人讲究团圆也讲同甘共苦
桌子无论是方是圆
椅子们都围在一起
有酒是宴，无酒也是席
面对着面，心也贴着心
欢欢喜喜
亲亲热热

这是书房里的红木组合
有中国文化更有中国精气神
书柜高，胸怀五千年经典
书桌宽，铺展八万里豪情
在此有李太白为你诵诗
在此有王羲之为你挥毫
干干净净
堂堂正正

哎呀，越看这红木家具
越像天南海北的中国人——
客客气气中国人！
大大方方中国人！
欢欢喜喜中国人！
亲亲热热中国人！

干干净净中国人！
堂堂正正中国人！！

也像天南海北中国人
闭上眼睛就会梦故乡
红木家具虽然不说话
红木家具也一定同样会做梦
梦那山高高
梦那水长长
梦中长出三枝新绿叶
梦中深扎两寸山泉根……

在中山（外一首）

| 周占林

在中山
我不敢大声说话
只能轻轻地放缓脚步
害怕自己的一不小心
打扰了伟人的睡梦
更害怕，那张红木床在我面前
突然活转过来
把异国他乡的故事
再次演绎

从北方来
就是要探望红木
看这自然的宠儿
让怀念　把
所有红木家具擦亮
纯粹和厚重不再虚幻
仿佛看到那棵棵参天大树

耸立在我内心深处

而他们
却成了一个远古的梦
中山慢慢垂下了头
让紫檀的叶子探过墙来

紫檀

思念太久
不敢再增加喜悦
那擦不掉的纯净
在每一次的雕刻之下
于指定的方向临近
让红木的纹理
守望着那棵树的恋情

大涌，是江河的心
是从云缝中漏下的阳光
在这里播洒温馨
如此的清秀
让越南　缅甸　印度　海南
成一个个飘逸的词
长在每一件红木家具之上

在大涌

我们与红木喁喁私语

没有陌生

没有距离

看到在倒下的那一刻

再次涅槃

小镇新娘

| 罗　筱

这些时光深处的玛瑙
这些岁月沉淀的黄金
她们从遥远的美洲大陆或非洲丛林
迁徙到这个东方小镇

除去身上的泥沙、尘土、枯叶
被细细打磨后
裸露迷人的身体
或优雅或繁复
或丰腴或秀丽
只有品质如一
适合家居的每一个地方

我惊异于这些散发淡淡体香的女子
婚纱会遮掩她们的曲线
钻戒会轻薄她们的古典
这是东方的、安静的、低调而奢华的中国新娘

她们静静地吸收着赞美
迎讶着每一寸挑剔的目光
美滋滋的红
在心里

小镇，这群待嫁的新娘
静坐繁华
只等着一双温柔手
撩开时光的面纱
把她们相认

红木：男人的木（节选）

| 北　塔

一

当你裙裾的下摆
拂过他的小腿
他的心微微悸动
身子稍稍倾斜
哗啦啦
烈酒从他的头顶
暴雨般泻下
满怀的青花瓷
轰然倒出
但愿你的裙摆
能及时展开
替他兜得住
一件都不破碎

二

一座山
因为他而在地震中
镇定自若

一朵
被水波扬起的花
会把他压得喘不过气来

三

生命的抽屉
一旦被抽出
你会发现
原来空无一物

销售员
会顺手抓取身边的东西
往里一通胡塞
然后把它出卖

四

红绑架了木

正如生活绑架了生命

在黑暗的角落
在白色的海洋
红必须走在前面
木似乎才具有超高的价值

五

如果你的榫是舌头
他的心就是豆腐
无论从哪个角度
都可以进入
到最深处

如果你的榫是刀
他的心就是石头
无论你如何使劲
都咬不动
直到刀被卷成嘴唇

六

用一根细小的铜插销
你就可以锁住他的门

然后你可以选择离开
无论经过多少岁月
一旦你回来
他仍原封不动

他不会为任何别人打开
除非被彻底破坏

七

一张雕花大床
就是一片木讷的汪洋

如果你是一叶小舟
就让他来驾驭你

当他拥抱你
就是给你安装了双桨

当他用枕巾盖住了你的脸
就是为你挂起了云帆

放心吧，他会把你
从彼岸渡到此岸

八

有时他会被变性
光滑了的肌肤
任由你抚摸
被锯开后
隐隐散放出少女的香气
沉默的背部
被书写出大字
像一张张嘴
渴望的是墨水

有些纹路被设计成了
诱惑的漩涡
那被卷进深渊的
将是你的全部

东凤篇 ▲ ▲ ▲

东凤五人飞艇传习所速写

｜ 叶延滨

五个男人
五把桨
大桨当笔
写水乡

桨起桨落
汗是墨
凤姿龙胆
天下扬

男人挥桨
如龙翔
木舟有魂
变凤凰

走笔南粤

| 查　干

清晨　金岛酒店远眺

清晨醒来
闻有粤地之鹧鸪唱在窗外
咻咻之声　犹如清泉流于山野
是个好兆头
心想　必有喜讯在椰风中报来
忙拉开金岛酒店
金丝绒的窗帘
见东方
正有一轮跃出
且似有古老泼墨一行
——紫气东来
焕然飘动于
东凤水乡晴朗的长空

也不知为什么

我遽然想起凤凰涅槃这一典故
并且在朦胧中
好似读到了纵横云乡的
凤之舞

而高大的霸王椰和吉祥的紫荆花
并列站在巷道旁
它们垂手迎迓的优雅姿态
和东方式的那一脸和美笑容
令日月开怀
令行者刮目
也使我趿草鞋的漫散诗句
充满了激情
与内容

凤

凤从东方来
吉祥之地，凤的故乡
百鸟朝凤，加入凤的合唱
没有到过东凤镇的人，便不曾领略凤的魅力
凤的飞翔，以及凤张开的五彩缤纷的翅膀

凤是御风的好手，在阳光中织锦，一缕缕情感，一
　　缕缕幸福，一缕缕慈爱
让这只彩凤披绣着锦，具备东方美学与文化的内
　　涵，在大地上起舞翩翩

没有到过东凤的人，便不曾见到这方土地的神奇，
　　财富和精神的创造力
鸡鸦水道，一条灵动的银链，和穗湿地，东凤的绿
　　肺
莺哥咀，尚德林，娘娘庙，凤凰栖梧的乐园
天乙铜业，把铜做到极致，奏响无处不在的生活管弦

第三辑：小镇　发光体 —— 195

格美淇电器，背后站着一个叫何茂财的男子，

一艘同名的游艇，在水上梳理着黄昏的诗兴，渔火
　　点点，

报道着线装的湖岸有酒家招饮，今夜何不醉眠东凤，
　　三百杯下肚

有铁将军把门，顶固世界的平安

这是诗意的东凤，这是乐土的东凤

这是中山的东凤，这是世界的东凤

有了凤，便有了美好的图腾

有了凤，　才有吉祥相伴，有了凤，生活才如意飞
　　天

在东凤中学模拟一堂地理课

| 林　雪

让我们把起点定在东凤中学。代号 A
现在，这儿是一张卫星地图。现在
图上的 1 厘米代表 50 米
我多爱那微缩过的、镶在大地镜框里的
一幅身体版图，多爱你身体里
那胰腺一样的河流

现在，1 厘米 =100 米。地税局　工商局上的徽章
别在镇政府东面的胸膛上
海风从矶岬的弯道吹来
老人在炉火前梦见青春
他伸出的手，使一条凤翔路向东蜿蜒 11 厘米
进入城市古老又年轻的寓言
一簇伟大而强健的神经丛

200 米。S364 由此向西且南转东阜路
铺展着人群、生活巨大的激情

一只蝴蝶从与凤翔大道的
建筑群落中起飞。它南面的健民街
和北面的爱民街美如双翼
多像爱和勇气鼓起的两肋

现在是 1 公里。蓝色的莺哥咀在西
绿色的铁将军北
东凤镇小学是一个孩子，在西南处
默写它命运里无数生词中的一个
很快他们会长大，他们将把成长的故事写在
被五公里的比例尺缩小了的顺德和沙朗之间
经历人生里密如蛛网的幸福
画出真理尽可能到达的半径。

20 公里。西面的新兴置身在绿山峦中
南面的大陆架悄然入海
呼吸着那光辉的金属的波浪
在你西面，城市小如街景
群山转成一个抽象的圆。看不见的恋人们
仍用无忧的双手握住每天平凡的奇迹
在世界通向神秘肝脏的道路上

200 公里。你正北的长沙武汉郑州济南
正南的澳门中沙、南沙，曾母暗沙
一个依傍着一个

小如橄榄，亲如兄弟

2000 公里。这是退向时间深处的亚洲
我看见黄河和长江两条河流的骨架
在亚洲天空下不屈地倔强地悬挂着
北面的那条是草书的"几"字
南面的那条是草书的"心"字
那两条孤零零的腰肢，那古老又茂盛的美
用一个轻吻就可以覆盖她

一滴粉红如汁液不倦地游走着
那是诗人在地球上的眼睛
那最初的红色还在：
一滴珍珠般迸溅在地图上的泪水
一颗细小、热爱如针尖的心脏

东凤

| 老 刀

离开东凤镇不到两天，
我开始有点坐立不宁。
我开始想她，
像自己最初的诗集，
明明就在那满满的书柜里，
可是怎么也找不到她。
东凤镇，
你在我的心里。
你那刚破土动工的医院，
你那高举着一个又一个名字的学校，
你那正在一个劲住下高贵的湿地，
那些坚韧的小企业……
他们呵，
他们像一个个汉字，
在我的记忆中活动着。
我看见他们，
却又隔着一百多公里的距离。

折磨也是一种幸福。

作为一个诗人，

我懂得真正的远，

不在远方远。

真正的思念有着合适的距离。

像字与字，

句子与句子的关系。

富饶而又勤劳的东凤镇呵，

你是祖国的一个亮点，

你是中山的一个偏旁部首，

你是广东的一部诗集，

虽然只短短地打开三天，

我用幸福读你，

我幸福着你的幸福。

我用时间读你，

深信你有一个美好的未来和前程。

我用家乡读你，

这些幸福的面孔

这些勤劳的身影，

他们都是我的父老乡亲！

东凤镇，

你脚指缝里的那一点点泥土，

你入夜时分那一缕缕新鲜的气息，

都会点亮我的记忆，

让我一次又一次看到我的母亲。

看到她在生产队不再关牛的牛栏屋前，

转过身去，

看到她用背影把我送出村外，

直至我消失在远处的一个山坡。

温暖的东凤呵，

昨夜，

一只诗歌飞出了天空。

镶嵌在珠江三角洲上的《清明上河图》

| 张玉太

是哪位画家的妙笔
把"东凤"勾画得如此美丽
在一片不大的土地上
浓缩了多少亭台楼阁
雕梁画栋　大道通衢
浓缩了多少丰功伟业
彰显了多少动人传奇
升华了多少创业事迹
东凤镇　果然像彩凤落地
凤冠屏尾　云蒸霞蔚
一个美轮美奂的人间仙地

此刻我忽然想起
那幅不朽的名画
《清明上河图》
也是在方寸之地
在一轴画卷里

房屋　桥梁　错落有致
车船　人物　勃发生机
仿佛一条流淌的历史河流
牵一条波翻浪卷的历史长河
潺潺而来　风情迷离

东凤镇　古画图
两者是何等的相似
眼前这幅当代的《清明上河图》
像一幅斑斓多彩的织锦
镶嵌在珠江三角洲的腹地
让人留恋　让人惊喜

在东凤和你相遇

| 周占林

天空是洁净的
比我所有的欲望都要纯粹
河水流过大涌小涌
便开始显露出大海的辽阔
一朵小花在道旁的树上
向我微笑
我的心便沉入了这块土地
向你接近

湛蓝的不只是天空
还有你的双眸
南方的植被
在我的注视中
愈加神秘
有一种味道
就像千年的经卷
沧桑而深沉

我用字词

把自己组装成一缕阳光

悬挂在你明媚的额头

一想到东凤

阳光便开始明亮

爱在东凤

| 罗　筱

回归线以南
亚热带季风吹过的地方
当清秋的暖阳
落在密密匝匝的河网

左边鸡鸭水道
右边小榄水道
小镇，被两只温柔的手簇拥
该是多么幸福的事情

沧海桑田
凤凰涅槃

小镇在一天天成长、变靓
随之长大的还有这里的爱和慈善
在东凤
这些大大小小的爱

长成医院、学校、生态园和文体中心

它们是小镇最美的地标
也是东凤
最好的建筑

东风的秋天

| 黄廉捷

阳光拉长生命的时空
秋日向大地敞开了全部的爱

热烈的花朵正扬起衣裙
忙碌地装点这座光耀的小镇
它要比阳光快一步
去抚摸街角不多见的秋风

季节在挣脱吹散了凉
天空向高处展现

水乡聚集的银光铺展出波动的旋纹
风在对着绿构筑另一个滋润心田的青春
谁曾记得东海、凤仪、凤鸣之间的故事
岁月抬起双眼在瞄向小镇一角

远处

无数的灵魂在用汗水温暖这里的秋风
世界在此处缓慢生长
光影成了见证者

东凤的秋
总显得那么金黄

构思莺歌咀

| 曼陀林

必须有一脉清流
缓慢，一步三回头
沿途串起星星般散落的村庄
随意漏下大地的馈赠
生长丰沛的光阴

必须有蒙尘失色的嗅觉
在这里找到草木家族
深入无限的草香，花香，稻香

必须有支持环保的耳朵
掏空了内心的灰霾，装下
绿色的清风
原生态的鸟鸣

必须有一双眼睛足够温暖
收留晚秋悲凉的月亮

一滴行吟者的忧伤

还必须有一个人
在莺歌咀的怀中，误入歧途
有一首诗
在莺歌咀的眼前，忘记被写下

记忆中的凤镇

| 阡 陌

时隔多年，我还能想起
在兴华中路的路边摊，尝过鸭脖子
吃过"湘赣人家"的木桶饭。

在老电子城的某个档口
与档主玉壶煮春，品过西湖龙井
论过"苏黄米蔡"诸家书法。

在天润物流城，聊赠过一枝春
收到过扬州三月寄来的
草长莺飞，木桥烟雨。

在永乐路通往春天隐秘的入口
我也曾骑着病马，尾随过迷恋桃花的女子
双双化作月光，隐匿于人海。

那时候，东凤影剧院的春天更像春天

坪前的香樟树亭亭如盖
木叶偶尔悲伤，楚辞般脱落。

那时候，在凤凰公园，抑或沿江路
你会遇见许多锦衣夜行的情侣
他们长满野草的耳朵，凄凄迷人。

南头篇 ▲ ▲ ▲

读一份小镇史（组诗）

| 黄权林

读一份小镇史

继续念下去，继续——
要专心致志，心无杂念
要先读出"乡村"
读出它里面的芭蕉，鱼池，雨
读出鸡丫水道与它上面的波纹
暗喻的波纹，夕光下，闪烁的波纹
读出里面忧伤的成分
然后，要读出一个小镇和它的村庄
读出南头、穗西、滘心、将军、民安等
并在后面加上"工业区"这个名词
再读出"卫生镇""家电小镇"这些荣誉
读下去，要温暖地读下去
读出遥远的锄头，或犁，或稻花的闪光
读出一个老人一生的病与痛
读出平坦的公路，厂房，路灯与霓虹
读出一个小镇容颜的变化

读出体内正在生锈的万年历
还有那锈在原地透明而干净的幸福
读到这些时，我们需要从一份小镇史中
读出宁静，辽阔和安详
读出礼赞，祈祷与明朗
直至读到晨光中，我们感恩的脸

倾听

今夜，在南三公路的路灯与霓虹下
我背过身，背对着繁华、明媚
向时间的另一边望去
像突然挽留了另一个自己
留下一个老者关节的疼痛
滘心，滘心。一个南方的小乡村
又扶着记忆的形骸走近
它，有过稻浪，桑林，鱼池
有过林荫，阡陌，野花
而在许多的日子里，我倾听
微风或檐下燕子的碎语
倾听母亲插秧或割稻的背影
倾听一个不再说话的秋天
倾听一场藏匿在指缝的雨
这些小忧伤，将把我弄皱

像一张落在抽屉里发黄的信纸

午夜时，微微舒展开

微微，在日新月异的乡村里

陈旧得只遗下几克重的幸福

给

假如，有一天记忆绚烂了你

你一定要忍住哭泣与哽咽

甘蔗林，池塘，桑林地，炊烟

田野，以及濯衣的小河

已经随着斜阳化作

一枚关节炎似的小邮票

而竹林中的月光，也迅速衰亡成隐痛的部分

现在，当你晨起穿过洁净的村道，南三公路

还有那六点钟的时光

来到南头公园的一棵老树下

你。我。晨练的幸福的人

远处的高楼。学校。医院

还有时间的阴影，与一个小镇的光辉

都融化在老树缀着的露水里

这滴露水值得赞美

在南头，一些事物的澄澈与宽广

——值得赞美

如果

如果我在一首诗中写下你的名字
它将是一个染病的词。
如果我认真地写下你，我的爱人
你将在一首诗里病入膏肓。
如果我写下了你
写下了故乡，故乡的小草
故乡的一粒泥土
写下了故乡贫穷的亲人
写下春雨和稻谷，阳光与丰收
她们也将在一首诗里贫病交加。
尽管一张纸无病，无菌
也不会突然染上月光的恶疾，
但当我在一个省的版图之外写下你
你们都将是染病的词，
而我的城池里
永远也没有郎中能把你治愈。

有关葵，有关中山与母亲

母亲已近六十岁。
母亲的名字里有一个"葵"字。
与鸡鸦水道边的葵有关。

就这样，一个女子的温度与矫情

与这些亚热带植物相连了起来。

今天，我站在鸡鸦水道边

想阅读——镶嵌在

这个世纪的风景里的它们。

然而我已很难读出，那个蹲在时光深处的女人

读出那个哺育我的女人大半生的情节。

（因为它们似乎更像一个新时代的少女）

中山这片土地

已不再显得笨拙、贫穷与荡漾。

周围横亘着高架桥。楼房。高压塔

新建的轻轨。学校。以及一栋栋的高楼

……这些城市的新骨架里

潜藏着一种安静、坚毅。

这一刻，当我和与母亲有关的葵

相遇，且写下这一首诗

我只想，慢慢让这一首诗凸显母亲的表情

城市。故乡。新农村的表情

安慰。欣喜。以及宁静

穗西村

| 倮　倮

灵魂需要和声
低下头颅是为了有一天扬得更高
我咽下带血的泪水——思想的呕吐物
在模糊的命运里摸索前行
我知道，我悲伤的笔必须为在吱吱作响的流水线上
流动的青春和迷茫描画蓝图
他们的理想、爱情、梦想放着昏黄的光
在我的身边形成一个光晕
他们的睡眠与我一样有着一个叫做故乡的伤口
他们咸涩的泪水和汗水
一次次流过我沟沟壑壑的额头，流过
我不眠之夜的焦虑和机器里锈蚀的钉子般的忧思
流过——我微醺的夜晚和摇摇晃晃的梦
梦里似乎有泥土的温暖
哦，穗西村，珠三角一个普普通通的小村庄
它铁皮顶的厂房，它拥挤的街道，它郁郁葱葱的芒果树
劣质香水味夹杂着劣质香烟的味道

钢铁的回声里有一个隐秘的国度
故乡巨大的饥饿朝着月饼般的月亮伸出贪婪的舌头
月亮里号叫的斧头能否砍伐漂泊生命里
酸酸甜甜的爱情、灰色的青春和自酿的孤独
以及与孤独紧紧相连的疼痛

在南头等你

| 阿　鲁

二月的清晨，那些樱花
像只鸟儿在枝头歌唱
我在歌声中梳洗，换上白色的礼服
窗外还下着细雨
你在枝叶间绯红着小脸，而我举一把油纸伞
走近你，认真地倾听。
哦，这雨中还有微风吹过
你把花瓣落入泥土
像藏起一些不可告人的心事，就好比
我撑着油纸伞走过这个春天
像朵花儿在枝头开放

樱花的心事

| 张月音

蕴藏了一冬的憧憬
在春风的絮语中
轻轻一个舒展
一抹潮红
迅速洇满青春的脸庞
年轻的心事
栖于枝头

浅淡的心扉幽幽开了
藏不住的馨香和梦想
弥漫于枝头
燃成一片绚丽的云
粉色的心事
成蝶
就要展翅飞翔

倾尽所有美丽

也留不住风华岁月
心，凝固了泥土
泪，温柔了春雨
樱花的心事
在南头的河涌水道
悠悠荡荡

三角篇 ▲ ▲ ▲

3月12日，在三角植树（外一首）

| 叶延滨

雨水又一次把 3 月 12 日
从天上送到了地上
烟雨朦胧
小孩子假装诗人
春天把大地再一次染成绿色
而在这里
在中山一个叫三角的乡镇
我站在雨中
我看见整个中山
和我一起站在雨中
雨水中的我
和雨中水里的中山
想起一个人
这个人在这一天离开了我们
这个人叫孙中山
说出这个名字
整个的中山和我一样

雨中无言
泪流满面

我们在

我们在
是的，我们在
想到那个在这一天
离开人世的孙中山先生
我们在
这三个字
就变得十分的沉重

我们在
在这一天来到中山市
来到叫三角的小镇
我们在
在这个世界上还活着
就要做该做的事
我们在
在回味那一句话
那是一个离去的人
留给所有活着的中国人
的一句话——

革命尚未成功
同志仍需努力

我们在
我们在一千次一万次
欢呼成功和胜利之后
今天在中山的雨水中
才掂出这两句话真重！

把春天交给我（外一首）

| 傅天琳

这个盛大的节日
同学们，我们种树吧
在中山，种出一个美丽中山

我们的城市
多雨，多雾，多太阳
它多么适宜栽种，适宜劳动

我要看到我的城市速度
不仅仅是高楼大厦节节生长

我要看到宽厚的叶子
一到夏天就为我的天空
伸出一片浓阴

我要看到雀鸟们
高高低低，站在树桠

鸣唱出一道嘹亮的风景

当我种的树，枝繁叶茂
全身羽毛丰盈飞起来
我要看到一座飞翔的城市

现在就把春天交给我吧
我要为树苗培第一铲土
浇第一桶露水和阳光

在三角中学我看见了什么

我看见春意盎然的三角树上
盛开的花瓣托起一粒青涩的果子
无比珍贵地稚嫩着，饱满着

我看见朝霞正用新鲜的词语
一遍一遍为他们擦亮目光

我看见一群十二岁、十三岁的小小鸟
他们飞上蓝天的姿态多么矫健
多么像一支支穿云破雾的神来之笔

他们歌颂青春，歌颂友情

文字的芳香扑面而来
我看见他们带着一座花园在飞奔

我看见了诗歌的美好未来
我看见了星辰

三角中学书法练习室速写

| 陆　健

孩子们在写字
那些字多数
暂且还不能称之为书法

那些字
有的步履不大稳
有的带着一点呆头呆脑

一个女孩，抿着嘴角
笔画紧凑，练的是欧阳询
那颈前垂挂的胸牌上
写着她的名字

那个个头最小的男童
小屁股在凳子上磨啊磨
有点像研墨。半小时内
他朝窗外的繁花绿草

抛了三次媚眼

一位女孩子，稍大些许
像是我刚刚注意到的女童
一下子长大了不少
她笔下的字形
也变得娟秀起来

一个虎头虎脑的小伙
喜欢魏碑，他粗粗的一横
像是能开过汽车的桥梁

二十多支毛笔摇动
横撇竖捺点提钩
静悄悄，时间落了一地

他们临摹，比照着前人
他们书写，那稚拙的声音
从笔尖流出

一直把"人"字写得
像他们的坐姿一样正
一直把简体字写回繁体字

窗外的麻雀

似乎也自动地纠正了
它们总也出权的
英语发音

植树节，在三角

| 陈美华

一

春天　细雨纷扬
我来为三角镇的春天作画
用树苗　写下质朴的诗句
那身姿窈窕还没长出树叶却已爆出花蕾的
是玉堂春姑娘
那高大壮硕枝叶繁茂的
是香樟树小伙
真巧
我曾在母校的校园里
为被称为"级树"的香樟培过思想的土壤
也曾在我家窗前那株玉堂春
紫红的花朵上
最早知道春的消息

今天　我将春姑娘养在山下

我把壮小伙栽在湖边
无需几个寒暑
我便能采摘秋的丰盛
霞的云蔚

二

三十年前
被一位写诗的小姑娘所震撼
写下我人生第一首诗
从此　心里常怀着梦想

如今　我站上讲坛
依然为她们所震撼——
一样纯真的眼眸
一样稚朴的笑靥
一样对世界充满好奇

人生代代无穷已
只要诗心常在
生命会因诗而变得美好
孩子啊
请用你们黑白分明的眼睛
裁剪出　黑夜的星星
白日的梦境

十年树木百年树人
这个植树节
树木与树人
如此密不可分

在三角植树，种下三角恋

| 祁　人

一个特殊的日子
永远定格在 2014 年 3 月 12 日
甚至，一个月以后
我还在遥望着三角镇

那是植树节的日子
诗人们在三角镇
种植了一排排树苗
也留下深深浅浅的脚印

三月里，小雨淅淅沥沥
三角的小雨，也淋湿了诗人的心
我们走进三月的小雨里
种下了树苗，也种下
一行一行的相思

三月的相思，情最深

深在对三角的认知
三月的相思，情最浓
浓在对三角的不舍
三月相思，情最重
重在对三角的感恩

走过三月，告别三角
一路上诗人们异口同声说
在三角染上了三角恋
既恋故乡又恋家人
还增添了对三角的眷顾

而我却是默默无语
其实啊
在不解的三角恋里
我是陷得最深的一位

在三角中学"任教"的联想

| 张　况

小时候，我最大的理想
就是当一名小学民办教师
在三尺长的春风里沐浴灵魂，传授一生所学
像我的班主任一样
包揽语文数学音乐和体育四门课
而不会有任何压力，一丝怨言
讲台下的条凳上，坐满了稚嫩的脸蛋
阶前的榕树下，挤满了天真的小眼睛
他们有的像小星星，有的像小雨滴
他们会用接近烈火的热忱
点燃我传输知识的欲望
备课改作业根本不是问题
我会用红墨水笔，圈点他们的智慧
我会用源头上的爱意，点拨他们的稚拙
我知道，我内心熊熊燃烧的柴火有别于蜡烛
那是我自己的躯体做成的火把
我愿意用我的一切，为他们照亮前程

化为青烟的，是我永不老去的爱意和童心
我那时还没有恋爱，更未曾结婚
甚至连女朋友长什么样子
我的学生们也未必见过
我想我虽然不免羞涩
但我那时一定是幸福的

今天，在中山三角中学
我少年时代的全部理想瞬间就实现了
不但实现了理想，还超额完成了梦想
在一所中学里给孩子们上课
这自然超出在小学代课的预期
虽然教的课程里没有语文数学
与孩子们共同热闹着的，也不是音乐和体育
但能以另一种课程，给眼前的孩子们上课
我内心依然十分自足
用方方正正的汉字，教孩子们做堂堂正正的中国人
而且一同上课的老师总共有四位
我和他们一样，都是业余诗人、编外书法家
他们和我都有属于自己的职业
祁荣祥是一位海军少将
心里装着千军万马，还有共和国的岛礁和海疆
陆健是中国传媒大学的教授
讲台下全是些会演戏的才子佳人
雁西是杂志社的总编辑

版面上自然排满了发行量和员工们的福利
而我则是一名小小公务员
用叶延滨的话来说，顶多是一名小吏
不带刀那种，手头只会侍弄钢笔和毛笔
我们职业各异，性情也不同
但今天我们的身份却出奇的一致
我们是短暂的同事，永远的兄弟
我们都是中山三角中学的书法老师
我们顺利将一节课程，肢解成四块
就像分割锦衣和玉食
我们小心翼翼，语重心长
分批灌输给他们做人和求真的道理
学生们显然都很喜爱我们
我们也恨不得将所学倾囊相授
相比我那时的理想
今天的学生们实在太幸福了
他们可以在一节课上，同时听四位老师
反复讲述点横竖撇捺与人生的具体关系

和孩子们谈诗

| 张玉太

在三角镇中学的教室里
我们要和孩子们谈诗
在讲台上的叶延滨
一席娓娓动情的诗话
着迷了台下的少男少女
他用心　用情感
用联想和比喻
诠释了诗的高贵和美丽
一个女孩笑着向我提问
什么是"诗的意境"
我始而惶惑　继而沉思
是啊，这是个多么美妙的话题！
可我又突发奇想
我和孩子们应该换个位置
我坐在下面
让他们站在讲台上
排列诗的元素

迸发诗的灵感
倾听他们关于诗的宣言

我的绝世三角之恋

| 周占林

一

恋爱就像植树
情浓似水，心做太阳
种下一棵木棉
收获一树火红

在中山，在三角
我用我诗歌的热情
将一株树种下
种下的有诗情有画意
还有我刚刚萌芽的牵挂

二

老茶亭不老
在水南乡的思念中

像这一个春天的诗人一样
翻开泥土
把青草般的向往种植
等待雨季到来
茁壮成诗歌丰富的意想

三

三角恋
就以一种亘古不变的姿势
站立在我的南方
那里有我龙潜入海般的挂念
那里有我窈窕淑女般的相思

以中山为中心
从三角镇到北京的距离
我愿用双足丈量
这内心中挥之不去的爱意有多长

三角，我们植树去

| 李　犁

我们植树去

坐上火车　轮船　飞机

我们植树去

三角是一个地名　也是一枚含苞待放的花

我们就是一群蜜蜂嗡嗡着飞来

我们不采蜜

我们就在它的花影下

种下火焰翡翠还有诗歌和梦想

让每一棵树都在爱中成长

让每一棵树都开满鲜花

让每一朵鲜花都成为三角的嘴唇

让每一个嘴唇都有一个美丽的吻

踩着三月的青草我们去植树

温柔的湿上就像三角人的笑容

我们把树放在坑里

如果是橡树

就是把游子送回家
如果是桃树
就是把女儿嫁出去
三角是一个桃花源
有心的形状
是放心的心
开心的心
是走了就蹦跳着要回来的心

把树种在三角
就是把心留下
把爱留下
树在长大
爱也在堆积
堆积成簇拥的花
堆积成绵绵的细雨
浇在树苗的身上心上
浇在三角美丽的花蕊上

三月我们去植树
过了长城　长江　过了黄山　黄河
我们来到了中山的唇边
一个叫三角镇的地方
这里绿色如钟　花朵如鼓
而所有的笑容都安之若素

这就是诗　一首会呼吸的诗
我们来　就是把诗带走
把树栽在山上
把心深深地栽在
三角的土地里

三角——临水而铺的锦绣

| 杨万英

请允许我为三角献上这样的来历
三生万物的"三"
我只居安一角的"角"

我是她的十二万分之一
小小的心脏，比尘土轻
比野菊的芬芳柔软
而我胸腔小小的爱
足够填满这 70 平方公里的江山

十二万亲亲子民
洗脚上田，是独领风骚的商海弄潮儿
施展拳脚的传奇直抵东南亚
挽裤腿下地，他们是娴熟的庄稼人
让迟疑的花朵展开笑脸
让果实升上甜蜜的枝头

他们更是一群

身怀绝技的魔术师

以汗水为道具

以一方祖传的土地为舞台

让土生土长的清风流水旦暮晨昏

挽着三角的胳膊

不离不弃，不慌不忙

把锦绣日子铺满大地

把好生活的蔚蓝高挂晴空

神湾，恬静的港湾

| 王晓波

只要你的笑脸盛放

生活处处可见阳光

十一月的海风　不会觉得寒

深的海水终年不会冷

含情脉脉的海风和江风

在磨刀门水道

在出海口　交汇拥抱如恋人

在神湾吉宝国际游艇码头

视线一再与不知名的海鸟相遇

风浪撩乱了　你的发梢

在风中飘逸的还有欢笑声

游艇甲板暂停的红嘴海鸟

仿佛诉说着悠然和快乐

只要心存美好

此地是栖息的恬静港湾

神湾，让美丽生活绽放

海风和江风怀抱里的一朵玫瑰

神佑之湾

| 于芝春

这 60.9 平方公里海湾
像明珠，镶嵌在西江出海口东岸
藏风聚气，风调雨顺
是上天护爱的宫殿
丫髻山、铁炉山、公仔山、菩山
到处是神龙戏珠的笑声
那是先人升腾的哲语
竹排、定溪、冲口、海港、外沙
游艇激荡起了雪白的浪花
海路上，悠然着阿妹咸水谣的音韵

这是一片神佑之地
伸出手指就能抚摸稻穗的舞蹈
紧闭双眼就能嗅出丰收的甘甜
禾虫肥美，菠萝飘香
火龙果泛红地羞羞微笑
秋葡萄嘟起妖冶小嘴

石墙与不息的海声碰撞

在渔村与高楼之间碎成一片细沙

磨刀岛的湾之湄

勾出渔家之子无限的童年

连佛祖也惬意而眠

与它邂逅

哪怕只有一次

也要用我的诗篇

赞颂这片神佑之地

哪怕只有一次

我也要做这片神奇海湾

最后的观众

一群白鹤降临村庄

| 梁雪菊

与这群白鹤相遇
时间在那一刻没有重量
这群白鹤
是二十八只或者二十九只
到底是多少　也没有多大意义
不写她们降临的村庄
麻东陈梁　白鹤不需要姓氏
不写这片绿油油的水稻田
和从海上跨过湿地而来的风

甚至要省略她们颈项的修长
羽毛的洁白　双腿的殷红
省略她们姿态的优雅　省略
她们转过身来　相爱的目光
省略她们可能有过的忧伤和喜悦
省略水中鸭子心情的复杂

正如不写刻骨铭心的故事一样
不写白鹤降临带来吉祥的传说

一群白鹤降临村庄
恰好与慵懒的阳光一起
你站在那里

神湾菠萝

| 洪　芜

大海在脚下澎湃

涛声来自远古的钟鸣

目光里一对鸥鸟的羽翼

掠过帆影和波涛

被岁月淘洗得溜圆光滑的礁石

一生都在试图拔掉内心的钉子

空出位置安放灯盏

神湾，一个长满传说的神奇土地

她用肥沃与淳朴的乡情

唤醒沉睡的生灵

滋润出蓬勃的生机

她张开母性翠绿的臂膀

拥阳光于怀

用父辈大海般的深蓝

调和出金碧辉煌的波光

那从里到外荡漾着的耀眼色泽

甜蜜、爽脆、清香

如同甘泉沁人心脾
又仿佛春风拂面
齿颊留芳，经久不散
至此，我最想
我最想回到洞房花烛夜
揭开红盖头下的新娘

拒绝一串葡萄的诱惑竟然这么难（外一首）

| 刘洪希

此时　我站在深秋和初冬的分界线
神湾金凤路的一个葡萄园

或者是我来得太迟
或者是别人来得太早
大片大片的葡萄架下
只留下临近枯黄的叶片

而缘分　或许并不在意时间的早晚
园的尽头
仍有一串串葡萄
口含丹红
坐在雨棚下的秋千上
静如处子
似在等候我的拨弄

为何我　竟然难以拒绝她们
一个眼神的诱惑

海神的港湾

面朝大海
山清水秀　神湾
是否海神曾经停靠的港湾

一颗菠萝　远渡重洋
慕名而来
在这里落地生根
开花结果　然后
成为一个响当当的名词
走进千家万户

让我们慕名而去的　还有禾虫
葡萄　火龙果
以及神秘的磨刀岛

我没能在这里生长
是否可以爱上
这个有些偏远的南方小镇

思念的十月

| 徐向东

不知道你是否如我
流连岁月的深
神湾的晚秋，是一座时间的花园
风带来了迟滞的甜蜜
一群久居高楼的人欢呼
和小车排向山边的鸣笛

葡萄园里，钢丝架下
你的思想晶莹剔透
孕育过春天的一抹幻想
此时， 你裹紧丰满的季节
在洁白的纸袋里，吐露心思
我想起了故乡屋顶上的一只小猫
踩碎的那一片月光

我把年少的眼神噙在嘴里
在某个夏日的早晨或者黄昏

捡过隔壁婶娘家的几颗青葡萄
这酸楚的日子，被打落于地
也打断了我心中的第一棵葡萄树
不向风追寻幼稚的季节
不向雨伸手要虚妄的彩虹

阳光如梦，从纱网漏进来
照亮我的额头我的胸膛
葡萄像十月的思念排成串
我弯腰，从午后的侧门深入
穿过那忧郁的童年

神湾醉风月

| 郑玉彬

珠水与东海在这里相拥
神话与现实在这里交融
古朴与时尚在这里深耕

磨刀门口
海风轻拂帆旗
梧桐树引来了金凤凰
盛世花开　游艇如针如线
牵起中港澳贯通珠江西

丫髻山　昂首南海
仿如神秘的女神
深藏青春永驻的秘诀　引得
健儿佳人齐相聚竞攀登

竹排岛边　咸水歌轻飘
片片芳田　点点五谷精华

在咿咿的桨声中
熬成一壶千古相思酒
醉了红颜　暖了归人

五桂山中（组诗）

| 李少君

山间

汽车远去
喧嚣声随之消逝
只留下这宁静偏远的一角
没有哒哒马达声的山野
偶尔会有鸟鸣、泉响以及一两声电话铃

只留下我，一个人在林间徘徊
夜雾散去，露珠一串串滴落草丛
晨曦初露，穿越朦胧的松林
光线折断于树梢间……叮叮当当

青山，越来越静穆
也显得越来越高远
枫叶红了
天空，仍然固执地蓝着

我看见了第一个在林荫小道上跑步的人

山中一夜

恍惚间小兽来敲过我的门
也可能只是在窗口窥探

我眼睛盯着电视，耳里却只闻秋深草虫鸣
当然，更重要的是开着窗
贪婪地呼吸着山间的空气

在山中，万物都会散发自己的气息
万草万木，万泉万水
它们的气息会进入我的肺中
替我清新在都市里蓄积的污浊之气

夜间，缱绻中风声大雨声更大
凌晨醒来时，在枕上倾听的林间溪声
似乎比昨晚更加响亮

石头上的花朵

| 李　犁

一滴血滴在石头上
犹如贞洁开成一朵花
她是灵魂里最纯的一滴泪
她是少女梦里最美的图画

我热爱的石头是石头中的石头
我爱的玫瑰是玫瑰中的玫瑰
她比石头更鲜艳
她比花朵更永恒
她比火焰更尖锐
她比芳香更柔情

石头上花朵是朝霞的妹妹
她如果能够燃烧
将是雪花的前生
即使化成了灰烬
也是宝石的碎末

而如今花朵凝固在石头上
凝固的玫瑰就像静止的梦
能嗅到香味却没法看见她的飞翔
让人为美颔首
为自由沉默
"我已经闪耀了，
在凋谢中我感到了盛开的美"

这就是你在低语吗?
石头上的花朵
一闪即逝的少女

你永久地关闭了
你天才的容貌　花中的精灵
像闪电归还给梦境　大海藏匿于灵魂

这小小的美　泪光的美　绝尘的美啊
我所见的只是茫然的一瞬　然后
便是全部的黑暗

就像雪花垒积的爱情
只轻轻地一碰　便碎成寒风
使我每一阵寒冷　都以为是石头的碎片

其实花朵没有死
像美人正在睡眠
那永远的光芒烙在我的灵魂里
使瞎子的眼眶盈满泪光

石头上的花朵
花朵中的少女
我将以遍体鳞伤的名义走近你
并把你的光芒深埋心底
也许沉睡千年
等待春风把她唤醒

五桂山水

| 刘建芳

山

山是五桂山　太绿
太飘香
以至
心沉醉
英雄辈出
香山 860 年的历史绵延

眺望、揽胜
看云舒云卷
发幽古之思
或者逃离，或者面对
在这山不在高的地方
有秀
更有灵

水

水是长命水
很奇特的名字
令人着迷的名字
在五桂山下
在城桂路旁
这是一个村庄
也指一口水井

水井边的故事
总是清澈　甘甜
还有汩汩流动的声音
告诉每一个饮水人
上苍赐仙泉
水长命也长

五桂山（外一首）

| 倮　倮

在蜿蜒的山间行走
一不小心
思绪可能被鸟啼打湿
而飞瀑看见了
可能会哈哈大笑
把远处的枫叶和稻草人的脸
都笑红了

一双双眼睛里漾出的泪水
好像酒杯中
不小心溅出的酒花

会唱歌的石头是大地写就的诗篇

不是每一块石头
都配得上我的赞美
只有会唱歌的石头

才会让我引吭高歌
因为首先是它向世界送出了赞美

不是每一块石头
都值得我去信任
会唱歌的石头美妙的歌声里
应该有比泪水还纯净的品质
也许它就是大地的眼泪

一块石头就像一首诗
挣脱了大地的束缚
飞到灯火辉煌的博物馆中
我们姑且把它称作凝固的时间
完美是一种美
残缺是另一种美

在这样一个懒洋洋的十月的下午
不知有多少个诗人
隐身到石头中
我看见还有一些诗人
在心中慢吞吞地搬运词语
他们那么小心
仿佛在搬运世界的珍宝

我悄然隐身到一首诗中
一首诗已足够装下我所有的赞美

亲昵五桂山（外一首）

| 于芝春

将喧哗的城市抛在身后
去和五桂山亲昵
把一部分的日子
变成田心、石井、控虾、担水坑和禾虾
变成石窝水库、曾哥清溪、仙踪龙园、逍遥峡谷
说不清扬起的是手臂还是翅膀
绿色的空气触动快乐之鸟

让风灌入耳目
让阳光切入肌肤
让茂密的桂南樟树香气扑面
十月的五桂山也是快乐的
清脆的白口莲山歌从山顶飘落
寂静的公路在前方引领
青青的果实在枝叶的深处叫我
叫得我忘记了归路

桂南村

天空很低　人烟稀少

山水都很肥美，犬不住狂吠

秋收　你把手伸成土地的姿势

最初的汗水

在太阳下闪耀光芒

摘一串青豆　放在手掌揉抚

你久久端详

风经过　停下脚步

问

　丰否

　　歉否

在和平村

| 何中俊

这个没有橄榄树的村子
两岸慈竹垂在一潭青水里
我看见人像竹竿一样清瘦
人的影子，比竹竿还长

几十米长的和平村，似乎
是一棵没成熟的梅子树
果实还没长大，就开始零落了
在村里，唯一的狗也远远地
望着人，不言不语

过村西的时候，两个人赤着上身
爬在梯子上，用一根竹竿
捅十字果。从下面望去
背着阳光的人和梯子，真像
皮影戏里的道具

在这个袖珍的村子，坐下来
天比别的地方更高远，人也小得
像一根竹子。傍着山脚
吸两口清新之气。尝一颗十字果
清甜里有一丝酸，还有一点涩
就像一眼望尽的村子，几个老人
不咸不淡地，走在青石板上

寂静五桂山

| 梁雪菊

黄而不昏　最适合的入口
脚步顺着山径
像诗行一样
转折　盘回　起伏

山林静悄悄
芭蕉　黄皮　橄榄　野柑橘
静悄悄
心软了酸了涩了甜了化了

像一条蛇那样　独自
静也悄悄
在文字与符号间
蜿蜒前行

深谷静悄悄
归鸟　蟋蟀　石蛙　浅溪小涧

静悄悄
啼呀呜呀吟呀唱呀

踩着渐浓的暮色
如果你迎面走来
或者　等我在前面
追我在后面
噢　你在月光下遇见自己

如果哪一天你见不到我
不用担心
我只是走失在深山的寂夜
或者文字的滩涂
静悄悄

美好的事物即将发生

——《诗"歌"中山》后记

| 王晓波

　　中山，镶嵌在南中国的一颗明珠。她位于广东省珠江三角洲中南部，珠江口西岸，北连广州，毗邻港澳，地理位置优越。改革开放后，中山获得了许多令人瞩目的荣誉，如联合国人居奖、全国首批文明城市、国家环境保护模范城市、国家园林城市、国家卫生城市、国家历史文化名城……

　　中山，历史悠久，文化底蕴丰厚。中山，古称香山，公元1152年（南宋绍兴二十二年），南宋王朝将南海、番禺、东莞、新会四县划出一部分建置为香山县，并将之隶属广州府之下。中山的民俗文化丰富，咸水歌、小榄菊花会等很早便已被列入广东省非物质文化遗产的保护范围。单就中山民歌而言，至今仍然在中山沙田地区流行的有咸水歌和高棠歌，在五桂山区流行的有客家山歌，在沙溪流行的鹤歌等各种民歌。中山，风光秀丽，旅游景点众多。"中山十景"是中山市政府从位于中山市的众多旅游景点评选而出的，包含了中山市旅游景点的精华。1985年和1998年中山市政府进行过两次评选，目前的"中山十景"为：中山故居、老街新韵、兴中缀锦、仁山玉宇、五桂雄峰、温泉碧苑、阜峰文笔、长江叠翠、紫岭鸣嘤、菊城金瓣。随着中山特色工业的发展，璀璨的古镇灯饰、古色古香的大涌红木家私等，也成为吸引游客的新景点。另外，环城三月红荔枝、神湾菠萝、九洲基龙眼、茂生香蕉、石岐乳鸽、长江脆肉鲩和咀香园杏仁饼等，都是吸引广大游客的的名优土特产。

"博爱、创新、包容、和谐"是新时期中山人精神。一个人文化品位的提升在于持之以恒，一个地区文化氛围的形成在于潜移默化。文化是一个民族、一个地方、一个部门整体水平的标志。文化的本质是"人化"和"化人"。"人化"是按人的方式改造、改变世界，使任何事物都带上人文的性质；"化人"是反过来，再用这些改造世界的成果来培养人、提高人、装备人，使人的发展更全面、更自由。在中山历史文化名城的完善和保护过程中，我们应采取各项措施，从文化建设的高度全面重塑中山文化精神，深入发掘孙中山先生"天下为公"、"敢为天下先"等伟人精神并赋予其时代意义，进一步丰富和完善"博爱、创新、包容、和谐"这一新时期中山人精神内涵。重塑中山文化精神，为中山新一轮发展注入一股强大的精神动力，这亦有助于提升中山的美誉度，将中山市打造成适宜居住、适宜创业、适宜创新的文化名城、幸福之城、和美之城。

党的十八大以来，以习近平同志为核心的党中央从民族复兴的战略高度，深刻阐释文化的地位作用，为社会主义文艺的繁荣发展指明前进方向。以现代新诗文学形式展示、宣传和推介中山，进一步提升中山城市的影响力和美誉度，为中山建设添砖加瓦，这是中山诗人的一种努力和希望。

诗歌有着以美启真、以美储善的作用。

在文字出现前，先民们就以歌谣、诗谣这些文化符号，交流感情，传播文明。古人有"观乎天文，以察时变；观乎人文，以化成天下"之说，诗歌文化容载着中华民族的审美情趣和价值观念，传播着中华文化"厚德载物"、"和而不同"的思想理念，是我们民族文化软实力的重要表征。

对一个地方的认知，不应仅仅是对其地貌和经济的认识，而应是更深层次的对其历史和文化的认识和认可。2014年，中山市诗歌学会理事会换届后，新一届理事会希望通过现代新诗这一文学方式，展现中山的历史、人文、民俗和山水。市诗歌学会理事会将编辑出版首部关于中山的颂诗《诗"歌"中山》，作为本届理事会的重大事项摆上议事日程。2015年2月上旬，中山市诗歌学会在《中山日报》、"作家网"等传媒上刊登了征稿启示，一年时间，收到了全国各地来稿诗歌近千首。另外，近年来，市诗歌学会协助中国诗歌万里行组委会，组织全国的许多著名诗人、诗评家开展了10次"中国诗歌万里行走进中山"活动。通过开展活动，让全国文学界更加关注中山。来到中山的全国各地著名诗人们写下了一大批讴歌中山的美丽诗章。为纪念辛亥革命一百周年，中山市委宣传部曾主编《伟人逸仙》一书，亦收集了许多纪念孙中山先生的优美诗篇。市诗歌学会从以上这一千多首诗歌作品中，精挑细选，编辑了这册《诗"歌"中山》。

面向全国征集与中山有关的现代新诗，出版《诗"歌"中山》，工作量浩大，市诗歌学会为此成立了编委会，并邀请全国诗歌界名家担任学术顾问。顾问有：谢冕（北京大学博导、教授、著名诗歌理论家）、叶延滨（中国作协诗歌创作委员会主任、中国诗歌学会副会长、《诗刊》原主编、著名诗人）、杨匡汉（中国社科院研究员、博导、著名诗歌理论家）、吴思敬（首都师大博导、教授、中国诗歌学会副会长、著名诗歌理论家）、商震（《诗刊》杂志常务副主编、著名诗人）、丘树宏（广东省作协副主席、广东省作协诗歌创作委员会主任、中山市政协主席、著名诗人）、臧棣（北京大学教授、著名诗人）、杨克（中国作协诗歌创作委员会副主任、广东省作协专职副主席、《作品》杂志社社长、著名诗人）、潘红莉（《诗林》杂志主编、著名诗人）、胡弦（《扬子江》杂志执行主编、著名诗人）、霍俊明（中国作协创研部研究员、中国作协诗歌创作委员会委员、博士后、著名诗评家）、张德明（岭南师范学院教授、南方诗歌研究中心主任、著名评论家）、杨庆祥（人民大学副教授、博士、著名评论家）等。

从征诗、选稿，到诗集定稿，经过二年多的努力，罗筱、黄廉捷、杨万英等选编人员付出了大量辛勤的努力。尤其是常务副主编罗筱在征稿选稿工作中，做了大量工作。在诗集的出版过程中，我们得到了中山市委宣传部、中山市文联的大力支持。著名诗人、中山市政协主席丘树宏先生，中山市文联主席陈旭先生，中山市文联常务副主席冯福禄先生对诗集的出版发行给予了指导和鼓励。

一座城市的精神与灵魂需要文化人去塑造，近年来，"中山诗群"诗人通过一系列真诚的诗歌创作体现了中山的城市精神和城市品格。展读《诗"歌"中山》，读者不但可读到众多中山诗人朴实而优美的诗章，更可读到当今诗坛名家洛夫、郑愁予、叶延滨、黎青、王鸣久、黄亚洲、杨克、丘树宏、石英、商泽军、刘川等著名诗人的名篇佳作。

梭罗曾经说过："万物尊重虔诚的心灵。只要你对某事如痴如醉心向往之，便没有什么东西可以扰乱你的内心。"生活会如此，诗歌也一样，内心有了固守和坚持，就会像郁郁葱葱的植物，向阳而生，有灵性，有力量。我深信，阅读《诗"歌"中山》，读者将会感受到诗歌文化的美妙，更能从中感悟到中山的诗意秀美。

诗歌是一种美好。永远相信，美好的事物即将发生。

2018年元旦于中山